MARC SANGNIER

“Ce que nous voulons”

Discours prononcé au Manège Saint-Paul
le 27 Octobre 1912
suivi de la discussion

COMPTE-RENDU STÉNOGRAPHIQUE

Edition de « *LA DEMOCRATIE* »
34, boulevard Raspail
Paris (VIIe)

"Ce que nous voulons"

Ce matin, camarades, nous avons tenu la première assemblée générale de la *Ligue de la Jeune-République*, et je crois qu'il est utile maintenant d'expliquer devant ce vaste auditoire quel but précis nous poursuivons, quelle action nous avons résolu d'entreprendre. Car il ne faut pas s'y tromper : la *Ligue de la Jeune-République* n'a pas seulement un but d'étude, elle ne se propose pas uniquement d'affirmer devant le pays certaines opinions, de faire doctrinalement prévaloir certains points de vue politiques ou économiques. Notre but est plus immédiat, plus pratique; c'est une œuvre agissante que la nôtre, et nous considérons que nous n'aurions en somme rien fait si nous nous étions contentés de voir où est la vérité politique et sociale sans nous acharner du même coup à la faire immédiatement triompher dans le pays, dans la mesure des ressources de nos énergies intellectuelles et morales, c'est-à-dire, nous pouvons bien le croire, dans une mesure qui s'élargira à l'infini quand nous voudrons nous donner tout entiers à la cause que nous entendons servir.

J'ai donc le dessein de soumettre ce soir à cette assemblée un plan dessiné non pas dans ses derniers et plus précis détails, mais tracé à grands traits, de façon à ce que tous, indifférents et adversaires aussi bien qu'amis, puissent savoir exactement qui nous sommes et mieux encore, ce que nous voulons.

La *Jeune-République* poursuit une tâche politique et économique, républicaine et démocratique. C'est sur le triple terrain de l'activité proprement politique, de l'activité économique, et aussi sur le terrain, hélas! douloureusement ouvert depuis près de quarante ans, je devrais dire depuis plus de cent ans, de nos discordes et de nos luttes religieuses que la *Jeune-République* a son mot à dire et qu'elle le dira. (*Applaudissements*).

•

D'abord, nous voulons des réformes politiques. Nous ne sommes pas de ceux, camarades, qui considèrent qu'il n'y a à accomplir à l'heure actuelle que des réformes sociales et qui, bien volontiers négligeraient tout travail proprement politique pour s'en tenir à un effort d'amélioration progressive du sort de la classe la plus nombreuse et la plus déshéritée.

Nous croyons qu'il y a une œuvre politique à accomplir car, si nous sommes contitutionnellement en République, nous n'avons pas à notre gré, tout au moins, une constitution suffisamment républicaine. Nous avons répété, bien des fois déjà, que notre Troisième République ressemblait plutôt qu'à une République démocratique, à une monarchie décapitée; que l'omnipotence du pouvoir central, en particulier l'omnipotence des ministres qui se traduit par celle des préfets, est une anomalie véritable dans une nation qui se dit républicaine et démocratique.

Mais voici, camarades, que depuis quelque temps, les faits eux-mêmes crient dans le sens des conceptions qui sont nôtres; et nous voyons expérimentalement la crise que nous avions prévue se déterminer chaque jour plus impérieuse, plus violente dans ce monde particulier des fonctionnaires que notre Troisième République a si effroyablement accrus que ce devient une partie importante de la population française : un million de fonctionnaires — et je ne parle que des fonctionnaires de l'Etat — un million de fonctionnaires sur une population de 36 millions d'habitants, c'est déjà quelque chose ! C'est sur ce terrain du fonctionnarisme contemporain que la question s'est posée récemment avec acuité ; et nous avons jugé opportun d'étudier le statut des fonctionnaires et la réforme administrative dans le Premier

Congrès national de la *Ligue de la Jeune-République* qui s'est tenu hier.

Il apparaît bien que la question est insoluble si on n'a pas le courage de l'envisager dans toute sa gravité, si l'on ne veut pas se résoudre à concevoir que c'est la notion elle-même de l'Etat qui est en jeu, et que l'Etat républicain et démocratique ne peut pas être conçu à la manière de l'Etat monarchique ou de l'Etat césarien.

Il faut, à n'en pas douter, que les citoyens soient appelés chaque jour davantage à coopérer dans la plus large mesure possible à la direction des affaires publiques : en particulier, que ceux qui, étant fonctionnaires, travaillent directement pour la nation, soient tout au moins, s'il est légitime de prendre à leur égard certaines garanties particulières, élevés jusqu'à cette dignité qui fera d'eux autre chose que les simples auxiliaires inconscients d'un ministre responsable pendant les quelques mois que durera son pouvoir, mais les collaborateurs responsables eux-mêmes, conscients, actifs, de l'œuvre nationale à laquelle ils doivent s'associer de la façon la plus complète et la plus désintéressée. (*Applaudissements*).

C'est là, me semble-t-il, que nous trouverons, non pas immédiatement la solution définitive, mais la ligne qui nous permettra, si nous la suivons fidèlement, de résoudre cet angoissant débat posé par la question du statut des fonctionaires.

L'Etat républicain, cela exige certaines réformes proprement politiques ; cela exige, à mon sens, que les questions principales qui intéressent la totalité des citoyens de ce pays ne soient pas simplement résolues par le vote d'une ou de deux Chambres ; cela exige que par voie de referendum, chaque citoyen soit appelé à à se prononcer au moins par un oui ou par un non sur l'opportunité de la loi — et je n'exclus pas, bien entendu, de ce referendum, les femmes elles-mêmes, qui représentent, n'est-il pas vrai ? une partie importante des forces vives de la nation et chez lesquelles, en certains cas, il semble que se réfugient à la fois les traditions les plus glorieuses et les énergies les plus invaincues de la race française. (*Vifs applaudissements*).

D'autre part, il est évident que la représentation politique de ce pays est incomplète, si l'on a soin de considérer qu'à côté de la représentation des intérêts proprement nationaux assurée par la Chambre des Députés, il doit y avoir une autre représentation, celle des intérêts économiques du pays. Nous cherchons encore, à l'heure actuelle, la Chambre capable de représenter ces seconds intérêts.

L'inconvénient de cette absence, c'est qu'il y a oubli des intérêts professionnels, qui ne sont pas négligeables cependant, ou débordement de ces intérêts sur le terrain qui doit être réservé à la défense des intérêts généraux, si bien que nous voyons dans certains cas, en période électorale, des affiches apposées sur les murs par les soins de quelque syndicat professionnel — je fais allusion au syndicat de la Typographie française — qui prétend pouvoir exiger du candidat à la députation qu'il prenne parti sur une question comme celle du Label qui est évidemment assez restreinte et étroite et qui serait du domaine nécessaire d'une consultation d'ordre purement professionnel.

Cette confusion n'existerait pas le jour où l'on aurait la hardiesse de considérer nettement que chaque Français représente deux choses : d'abord un citoyen, c'est-à-dire un homme qui, en République, est chargé de défendre l'idéal même de la patrie, est chargé de représenter dans la mesure où il le pourra la France aux yeux du monde et de travailler à ce que celle-ci garde son patrimoine moral ; et puis chacun de nous a aussi des intérêts particuliers, des intérêts professionnels, des intérêts locaux, si bien qu'il est nécessaire que près de la Chambre des Députés — que nous voudrions, bien entendu, ce n'est pas la peine d'y insister, élue avec la Représentation Proportionnelle, — soit instituée une autre Chambre représentant les intérêts professionnels du pays. C'est de l'accord de ces deux Chambes qu'une loi prendrait véritablement force obligatoire parcequ'elle serait ainsi formée de manière à ne pas léser les intérêts professionnels de ceux qui sont visés par elle, et d'un autre côté de manière à satisfaire les intérêts généraux du pays.

Nous croyons donc qu'à côté du referendum il faut instituer une nouvelle Chambre qui, peut-être, remplacerait avantageusement le Sénat, (*Applaudissements et rires*)..... lequel, pour le moment, semble avoir pour rôle de retarder plus ou moins le vote de la Représentation Proportionnelle, et qui serait moins cher aux radicaux et aux radicaux-socialistes si on ne lui avait judicieusement attribué ce rôle de frein utile. Il est curieux même de voir qu'autrefois les radicaux et les radicaux-socialistes faisaient des campagnes — j'étais tout enfant à ce moment — au cri de : « A bas le Sénat » ; maintenant, ils crient volontiers : « Vive le Sénat » (*Rires*) ; autrefois, le Sénat était un gêneur, un ramassis de vieux bonzes inutiles et rétrogrades, (*Rires*), maintenant il paraît que c'est dans le Sénat que s'est réfugiée la pure doctrine républicaine officielle

(*Rires*). « Autres temps, autres soins », comme dit le fabuliste.

Quant à nous, nous croyons que le Sénat deviendrait peut-être... probablement, et même certainement inutile le jour où l'on équilibrerait la représentation nationale par deux assemblées, l'une proprement professionnelle, et où se trouveraient ainsi équitablement représentés les intérêts généraux de toute la nation et les intérêts particuliers des diverses professions en présence. Si nous ajoutons, à la constitution de cette double représentation, le referendum obligatoire lorsqu'il s'agit de lois principales et fondamentales, nous avons, me semble-t-il, une réforme constitutionnelle intéressante et qui se ferait dans le sens même de l'élaboration d'une plus grande réalité démocratique dans notre République contemporaine.

Je demande à nos amis de ne jamais négliger de parler de cette réforme politique car si la politique n'est pas tout — et nous le verrons dans un instant — si elle n'est même peut-être pas, à proprement parler, ce qu'il y a de plus important, il n'en est pas moins vrai qu'elle est utile et nécessaire. Car une mauvaise politique empêche le pays de savoir ce qu'il veut et si, par hasard, il sait ce qu'il veut, de le proclamer bien haut; tandis qu'une bonne politique doit tout simplement permettre à chacun de faire partager aux autres les raisons qu'il a de vouloir telle ou telle réforme, autrement dit d'être réellement ce que la Constitution dit que chaque citoyen doit être : un homme conscient et responsable dans la mesure même où on l'appelle, par des votes multipliés, à donner son avis, responsable des intérêts généraux de la nation tout entière. (*Applaudissements*).

Mais ce serait, camarades, une étrange erreur de croire qu'un programme de réformes proprement politiques puisse être considéré à l'heure actuelle comme suffisant! Jamais, sans doute, la politique n'a été plus mêlée qu'à l'heure actuelle de préoccupations d'ordre économique et d'idées sociales. Donc la *Jeune-République* ne mériterait vraiment pas son titre si à côté de ce programme de réformes politiques elle ne proposait au pays un programme de réformes économiques, de réformes proprement démocratiques. Et ici, camarades, j'ai le dessein de vous parler avec un entière franchise au risque de choquer, de scandaliser peut-être même, certains d'entre vous. Sans doute, nous affirmons, avec les catholiques-sociaux, avec les socialistes réformistes, que nous voulons une législation du travail; sans doute, nous réclamons un minimum d'heures de travail dans l'industrie, l'exacte application du repos hebdomadaire, la protection, non seulement de l'ouvrier, mais même de l'employé — et dans la réunion d'hier soir de notre Congrès, nos amis se mettaient d'accord pour affirmer que la défense des intérêts trop souvent négligés jusqu'à ce jour des employés devait être une préoccupation constante des ligueurs à travers toute la France —; sans doute, nous voulons que non seulement les accidents du travail mais encore les maladies professionnelles soient prévus par la loi; ... mais nous ne nous en tenons pas là! Nous ne nous contentons pas de réclamer ce que tout homme juste a le devoir de réclamer, de demander une protection légale du travail qui, à mon sens, dans la société actuelle n'est pas facultative, mais s'impose obligatoirement à toute conscience droite et éclairée, (*Applaudissements*) d'exiger la stricte justice. Car c'est la stricte justice que la société capitaliste essaie de réparer quelques-uns des abus qu'elle a engendrés; c'est la stricte justice que, du moment que la société capitaliste consacre l'existence même des capitaux entre les mains de ceux qui les possèdent, elle s'efforce d'empêcher que la possession de ces capitaux et la main-mise des capitalistes sur les entreprises dont le travail fait vivre les prolétaires, n'aboutissent à l'écrasement, à l'affaissement physique et moral du prolétariat qui travaille dans ces entreprises capitalistes! (*Applaudissements*) Cela, c'est l'évidence même! Avec tous les hommes — je ne dis pas de cœur, mais de bon sens — avec les hommes justes, nous réclamons cette législation du travail, mais nous ne nous en tenons par là ! Et ici, camarades, pour qu'il n'y ait pas d'équivoque, je me hâte de dire que ce que je vais ajouter ne s'impose nullement à l'acceptation de tous les hommes justes et équitables. C'est un point de vue particulier, oui, mais c'est le nôtre! Nous avons parfaitement le droit de former une ligue où l'on se propose de promouvoir certaines réformes, de développer certaines tendances, sans que cela veuille dire pourtant que nous nous croyons en droit d'imposer ces points de vue et de faire pénétrer de force ces tendances dans la conscience et dans l'esprit de ceux à qui nous nous adressons.

Or, quel est notre point de vue économique particulier? Le voici :

Nous désirons ardemment que l'on s'efforce de réaliser chaque jour davantage la démocratie, non seulement sur le terrain politique dont je viens de vous parler, mais encore sur le terrain des réalités économiques, c'est-à-dire que nous désirons que les prolétaires deviennent de plus en plus à même, non seulement de jouir de certains avantages matériels qui leur seraient concédés par le capitalisme, ou ce qui est plus prudent accordés par la loi (*Rires*), et nous réclamons, non pas au nom de la justice, mais au nom des tendances qui sont nôtres, de l'appétit démocratique qui est en nous, au nom du goût particulier, du tempérament propre de la *Ligue de la Jeune-République*, nous réclamons que l'on s'efforce de mettre à même les prolétaires de devenir dans l'usine ou dans l'atelier, non seulement des annexes de la machine, mais des cerveaux qui pensent et des volontés qui agissent. (*Applaudissements prolongés*)

Nous ne craignons pas de le dire — et nous sommes certains que personne n'aura le courage d'affirmer que nous n'avons pas le droit de tenir ce langage — oui, notre désir, notre rêve, ce serait qu'il n'y eût plus de salariés vendant leur travail pour recevoir simplement de quoi subsister, mais que la collaboration fraternelle des travailleurs d'une industrie, d'un atelier, d'une usine, permette à ceux-ci de posséder ensemble les instruments de leur propre travail. (*Applaudissements*)

On dira peut-être que c'est là une doctrine subversive — et nous avons vu, hélas! dans la plupart des grands journaux de Paris, un sourire joyeux et triomphant en présence de l'échec lamentable de certaines tentatives ouvrières comme celle de cette verrerie d'Albi dont la presse bourgeoise a signalé avec joie les insuccès persistants et notoires — eh! bien, nous croyons, nous, au contraire, que ce serait dans le sens de nos aspirations démocratiques de pouvoir réaliser entre les ouvriers d'une même industrie assez d'entente, assez de coopération véritable, pour qu'ils puissent posséder eux-mêmes l'industrie dans laquelle ils travaillent et pour qu'ils puissent, en mettant plus de désintéressement dans leur œuvre qu'il n'en faut dans les entreprises capitalistes, montrer au monde qu'il n'y a pas qu'un seul ressort de l'activité humain, le ressort de l'égoïsme personnel, mais que le désir de l'intérêt commun, le désir du bien commun, le souci de développer une vie intellectuelle et sociale plus haute chez un plus grand nombre de nos concitoyens, que tout cela peut aussi entrer en ligne de compte, et qu'enfin le vingtième siècle est capable d'une organisation du travail plus fraternelle, plus consciente, plus démocratique que les siècles qui l'ont précédé.

Je sais que l'on me dira peut-être : c'est une utopie, c'est une chimère. Aussi bien, camarades, il ne s'agit en aucune façon de déposséder ceux qui sont les maîtres des industries actuelles; il ne s'agit en aucune manière de lancer d'une façon inconsidérée les prolétaires dans des aventures qui pourraient tourner mal, surtout pour eux. Mais lorsque nous voyons dans le prolétariat révolutionnaire un ferment de révolte, lorsque nous sentons que ces hommes s'irritent, non seulement contre la dureté matérielle de leur existence, mais même contre l'autorité qui pèse sur eux, nous croyons qu'il faut leur dire, non pas : « Renoncez à tout rêve d'exploitation fraternelle d'une industrie, renoncez à tout désir d'élévation collective du prolétariat » ; non, mais bien : « Si vous voulez monter, si vous voulez devenir dignes d'être collectivement des patrons, si vous voulez soulever le poids du capitalisme qui pèse sur vous, tâchez d'être capables d'abord de vouloir vous-mêmes, longuement et sérieusement cette œuvre d'émancipation (pour employer votre langage) qui, jusqu'à présent, a bien pu parfois soulever des barricades, mais qui n'a pas soulevé de bonnes volontés persistantes et durables. (*Vifs applaudissements*) Tâchez d'acquérir des connaissances professionnelles et surtout une valeur morale si excellente que vous puissiez faire plus et mieux que ce qu'on a fait avant vous ». (*Applaudissements*)

Ah! camarades, un homme d'Etat, il y a quelque cinquante ou soixante ans, lorsque au cours des révolutions du dernier siècle un vent de fraternité démocratique soufflait, acceptait bien volontiers de voter les quelques millions que la Chambre des Représentants de cette époque avait proposé de donner aux coopératives ouvrières; il disait même : « Je donnerais dix fois plus s'il le fallait, pour que l'expérience puisse dégoûter le prolétariat d'une coopération dans laquelle il échouera nécessairement ».

Eh! bien, je crois que ce point de vue ne peut pas être celui de la *Jeune-République*. Il est inadmissible que nous nous réjouissions comme d'une victoire de la preuve d'incapacité du prolétariat français. Il est inadmissible que nous cherchions à montrer aux prolétaires que tout rêve de démocratie sur le terrain social et économique, est, par la force même des choses, toujours condamné à échouer. Bien au contraire, notre but est d'orienter la force et comme le bouillonnement intérieur du prolétariat mécontent de son sort, vers un travail pratique et positif; et nous croyons que le prolétariat syndicaliste, lorsqu'il aura comme but, non seulement de critiquer le patronat et de démolir ce qui existe, mais bien plutôt d'organiser quelque chose de meilleur, acquerra, au contact de ces rudes réalités quotidiennes, de mâles vertus, une puissance de volonté sur lui-même, qui lui permettra de donner au vingtième siècle l'exemple d'une véritable élévation démocratique sociale. (*Applaudissements*)

Mais ceci ne veut pas dire que par une législation arbitraire nous entendons favoriser les coopératives, au point de nous montrer injustes pour le commerce. Et du reste, ce n'est jamais par la force brutale des lois que l'on impose des transformations économiques si celles-ci ne sont voulues, désirées, préparées par l'évolution même des mœurs. Ce que nous réclamons seulement, c'est le droit d'orienter sans cesse notre effort vers une participation chaque jour grandissante de la partie consciente et suffisamment formée du prolétariat, à la direction des affaires de l'usine et de l'atelier dans lesquels elle est employée. Cela, camarades, est parfaitement légitime; c'est un point de vue que certains peuvent ne pas admettre, mais c'est un point de vue que nous avons le droit de promouvoir et de conserver. Il nous impose seulement de lourdes responsabilités, car, ne l'oubliez pas, il serait criminel de faire briller devant les yeux du prolétariat un rêve séduisant, si l'on n'avait pas du même coup la force de lui indiquer où sont les sources d'énergie qui lui permettront de réaliser cette émancipation. (*Vifs applaudissements prolongés*)

Voilà pourquoi, camarades, la *Ligue de la Jeune-République* a inscrit expressément dans son programme qu'elle n'était pas simplement une ligue politique et électorale, mais qu'elle se proposait de promouvoir à travers tout le pays des initiatives économiques. Voilà pourquoi aussi, dans le premier Congrès de la *Jeune-République*, nous avons tenu à consacrer toute une séance à l'examen de l'action économique opportune que nous pouvions essayer de réaliser dès maintenant dans le pays.

Est-ce tout, camarades? Réformes proprement politiques d'une part, réformes sociales d'autre part, et tendance à promouvoir partout le mouvement de coopération ouvrière, est-ce tout? Non; et je tromperais certes étrangement votre attente si je m'en tenais là. Dans un pays pacifié, dans un pays où la politique serait nettement maintenue à sa place et où aucun conflit grave et profond ne l'aurait poussée sur un terrain qui ne doit pas normalement être le sien, je n'aurais qu'à me taire, qu'à vous demander si vous approuvez ce programme politique et économique, à recueillir vos adhésions et à commencer avec vous le labeur fraternel de chaque jour. Mais il ne faut pas voir seulement ce qui devrait être, il faut regarder ce qui est. Au moment même où, dans notre pays, se pose de la façon la plus aiguë, la plus troublante aussi — et vous allez voir tout à l'heure pourquoi — une question qui n'est ni d'ordre proprement politique, ni d'ordre exclusivement économique, mais bien plutôt d'ordre religieux, agitée comme un brandon de discorde devant la conscience et le cœur de nos concitoyens, j'ai le devoir, camarades, de vous dire quelle est l'attitude de la *Ligue de la Jeune-République* en face de la question religieuse, et c'est ce que je ferai en toute franchise, en toute sincérité, sans me soucier de savoir si ce peut être ou non une faute de tactique, et convaincu que la meilleure tactique, c'est encore de ne pas en avoir et d'aller vers ceux qui nous écoutent avec toute notre loyauté et tout notre cœur. (*Vifs applaudissements*).

Vous avez sans doute lu, camarades, les si suggestives réponses à l'enquête que le journal *La Démocratie* a ouverte dans le monde politique au sujet de la jeune Ligue que nous venons de fonder; vous avez pu voir qu'à peu près tous ces députés ou sénateurs républicains de gauche, qui ont bien voulu nous prouver l'intérêt qu'ils portaient à la jeune Ligue en répondant à cette enquête, ont été unanimes à affirmer que si notre bonne volonté leur paraissait certaine, ainsi que notre sincérité, nous avions entrepris une œuvre impossible parce que, disaient-ils, il y a deux esprits en présence : l'esprit républicain d'une part, et l'esprit catholique d'autre part, deux esprits inconciliables, deux tendances, deux tempéraments, deux façons de juger, de penser, de sentir, que rien ne peut ramener à l'unité. Vous savez aussi que, dans le pays, soit à droite, soit à gauche, on nous tient toujours le même langage et que l'on paraît se scandaliser également dans les milieux catholiques réactionnaires de ce qu'étant républicains nous prétendions demeurer encore catholiques, et dans les milieux républicains officiels de ce que, tenant à demeurer inviolablement fidèles à la religion catholique, nous ayons encore l'audace ou la naïveté de nous prétendre républicains.

C'est là le vieux, l'odieux, le fastidieux dilemme que, depuis trente ans et plus, on ne cesse de ressasser à travers le pays. On parle bien de réformes démocratiques; on discute bien avec des jeunes-radicaux sur le statut des fonctionnaires, on est tout étonné de se trouver d'accord ; on parle dans certaines milieux syndicalistes de la nécessité pour l'ouvrier d'avoir une part chaque jour croissante à la direction de l'usine, on parle même des devoirs moraux qu'impose cette élaboration d'une république sociale et l'on pense de même ; mais lorsqu'il s'agit de marcher ensemble, voici qu'aussitôt se lève comme un spectre odieux ce vieux problème qui amène, comme immanquablement, la discorde entre ceux qui ne demanderaient qu'à penser de même au point de vue politique et économique, et l'on nous dit : « Il faut choisir : ou renoncer au catholicisme ou renoncer à la République : ». Et je sens bien que, même dans certains milieux amis où l'on n'a pas la ridicule pensée de nous demander quelque abdication, soit de nos convictions religieuses, soit de nos opinions républicaines, on inclinerait cependant à nous tenir ce langage : « N'affirmez pas avec autant de violence l'une ou l'autre qualité de votre conscience ! Pourquoi répéter sans cesse que vous êtes catholiques ? Laissez-le oublier ! contentez-vous d'affirmer que vous êtes républicains et tâchez de vous faire admettre dans les milieux de la République officielle ! Ou bien abandonnez la politique qui divise et tâchez simplement, dans les milieux proprement catholiques, de faire prévaloir un esprit de neutralité politique et une sorte de respect passif du terrain constitutionne ! »

Eh! bien, nous croyons, au contraire, camarades, que lorsqu'une question se pose devant le pays avec l'acuité et la violence de la question religieuse actuelle, une jeune Ligue qui vient à la vie n'a pas le doit de se voiler la face, offusquée d'une pudeur hypocrite, en présence du problème qui se pose ; qu'elle doit le regarder dans les yeux, ce problème, jusqu'au fond ; et qu'elle doit le résoudre à force de loyauté et en affirmant, mieux que par des paroles par des actes, que ceux qui sont catholiques peuvent être non seulement des républicains ralliés, des républicains de second plan, des républicains résignés, mais des républicains plus hardis que les autres, parce que si les autres peuvent proposer le rêve, il n'y a guère que ceux qui ont le sang du Christ dans le cœur qui sont capables de le réaliser ! (*Applaudissements*).

Cela veut-il dire, camarades, que notre ligue est confessionnelle ? Non, et ce serait étrangement comprendre mes paroles que d'en tirer semblable conclusion. Sans doute on nous dira encore, on nous répètera pour la millième fois : « Vous voulez faire une République catholique ? Nous admettons parfaitement tout votre programme politique et social, mais nous ne sommes pas catholiques, et nous ne voulons pas de votre République ! » Ce n'est pas de cela qu'il s'agit, camarades. Non seulement, nous considérons comme impossible qu'à l'heure actuelle il y ait une République catholique, non seulement nous considérons comme une conception vraiment puérile cette idée que l'on pourrait réclamer que le catholicisme soit aujourd'hui, en France, une religion d'Etat... — Et, soit dit en passant, nous nous étonnons de trouver sous la plume d'Antonelli, dans la réponse qu'il fit à *La Démocratie* au sujet de notre enquête, une question à laquelle nous avons nous-mêmes répondu plus de mille fois, lorsqu'il nous demande : « Réclamez-vous pour l'Eglise de France autre chose que le droit commun ? » Je crois que nous nous sommes bien suffisamment expliqués sur ce point et nous n'avons fait du reste que répéter ce qu'avaient dit Léon XIII et les évêques de France pendant des années et des années, à savoir que si l'Eglise instituée par Jésus-Christ se considérait comme ayant un droit divin sur les âmes de ceux qui sont baptisés et d'une certaine manière sur les âmes mêmes de ceux pour lesquels le Christ est mort, pour lesquels le Christ a voulu, en répandant son sang, conquérir le droit à la grâce du baptême, on ne pouvait pas, dans une société divisée philosophiquement et religieusement comme la nôtre, réclamer des privilèges pour une Eglise alors que ces privilèges ne pouvaient être évidemment reconnus que par ceux qui sont catholiques. Donc, nous ne demandons rien d'autre, dans la société présente, que le droit commun même. Mais, me dira-t-on, c'est donc votre idéal, la neutralité religieuse ? Non certes, notre idéal, ce serait que le monde entier reconnût la vérité religieuse et que, par conséquent, le Christ tînt dans la société humaine la place qui lui revient. Il est impossible d'être catholique sans désirer cela, de même qu'il est impossible d'être libre-penseur ennemi du catholicisme sans désirer que l'âme des hommes qui nous entourent soit dégagée de ce que l'on considère comme une erreur. Ce n'est pas de cela qu'il s'agit; seulement, il y a à l'heure actuelle des hommes qui entendent que la République désigne non seulement une forme de gouvernement, non seulement une aspiration économique et sociale, non seulement le désir d'une participation plus grande sur le terrain économique comme sur le terrain politique de tous les citoyens à la direction de la chose publique, mais qui considèrent que l'esprit républicain, c'est un certain esprit philosophique qui est exclusif de la croyance au dogme et du respect de l'Eglise catholique. Eh! bien, c'est cela que nous n'admettons pas! (*Applaudissements*).

Nous nous adressons à tous nos concitoyens, aux catholiques comme aux autres, et nous leur disons : « Oui ou non, trouvez-vous légitime qu'à l'heure actuelle, dans notre pays tel qu'il existe, le gouvernement de la République prenne à son compte une philosophie déterminée et essaye, au nom de la République, de la proposer au respect du pays, si bien que le jour où l'on n'admettrait pas cette orthodoxie et ce conformisme religieux républicain, le jour où l'on n'aurait pas la philosophie laïque de la République officielle, on serait par le fait même exclu de la République elle-même ? Admettez-vous cela ? »

Voilà la question que nous posons au pays, et nous sommes sûrs de la réponse. Seulement, ce que nous savons aussi, c'est que jamais on ne nous laissera nettement poser la question et que l'on essaiera sans cesse, par une foule de subterfuges, de greffer sur cette question une série d'autres problèmes. Mais nous voudrons toujours revenir à la même position de la seule et unique question. Et ce que nous réclamons, c'est le droit pour tous les citoyens français qui ont l'esprit que j'ai défini il n'y a qu'un instant, de travailler pour la

République sur le pied d'égalité, sans avoir à renoncer à aucune de leurs croyances et à mettre dans l'ombre aucun rayonnement de la foi qui est dans leur cœur. (*Applaudissements*).

Maintenant, camarades, nous croyons plus encore. Et je pense ne pas dépasser ce que nous avons le droit de dire au nom même de la *Ligue de la Jeune-République*, en affirmant ceci : que la République ne peut pas vivre, ne peut pas se développer si elle est hostile à l'idéal de fraternité que le christianisme est venu apporter au monde. Il ne s'agit pas ici, camarades, de réclamer de tous les républicains un billet de confession ou la récitation de quelque credo particulier; mais il s'agit de bien proclamer que si quelqu'un ne reconnaît pas l'éminente dignité de l'individu, — dignité si haute qu'il n'y a aucun intérêt matériel qui puisse prévaloir contre elle, — que si quelqu'un méprise cette idée de justice supérieure à tous les intérêts particuliers de famille, de caste, ou de classe, que si quelqu'un enfin ne reconnaît pas qu'il y a entre tous les hommes, entre ceux du même pays sans doute, mais jusque par-dessus les frontières entre tous les humains, les liens d'une fraternité, non seulement matérielle, mais plus exactement spirituelle, qui doit malgré tout les réunir, que si quelqu'un n'est pas ainsi, —

consciemment ou non, en appelant cet esprit par son nom ou en changeant le vocabulaire qui le désigne, — n'est pas ainsi de quelque manière animé de l'esprit chrétien, que s'il n'a pas l'inconsciente nostalgie du christianisme, il lui est impossible de vouloir sérieusement la République démocratique et de travailler efficacement à la réaliser dans le monde. (*Vifs applaudissements*).

Cela, camarades, nous ne pouvons pas avoir la prétention de l'imposer à tous les républicains officiels ; cela, nous ne pouvons pas demander qu'on l'inscrive dans la législation républicaine du pays ; mais nous avons bien le droit, nous, ligueurs de la *Jeune-République*, de le dire et de le répéter avec la ferveur d'une conviction sincèrement réfléchie. Groupement non confessionnel mais faisant le cas qu'il convient des forces morales et religieuses, et convaincu que ce n'est pas le matérialisme et le positivisme athée qui pourront donner aux hommes la force de réaliser la République démocratique mais que c'est au contraire seulement le sens et l'esprit véritable de la fraternité que le Christ est venu apporter au monde, il faut que nous ne soyons pas des neutres : cela est impossible. Lorsque nous disons que nous n'avons pas fondé un groupement confessionnel, cela ne veut en aucune façon dire que nous sommes neutres en présence des problèmes qui se posent en que nous n'avons pas un tempérament, un esprit particulier, une préoccupation constante, des forces morales qui nous sont bien propres et qui nous animent et qui nous pouseront, j'en suis sûr, jusqu'à la victoire.

Il faut, camarades, avoir le courage de dire cela. Autrement, nos restrictions, nos timidités se retourneraient contre nous et nous aurions — soyez-en convaincus : ce serait notre punition, — d'autant moins d'amis et d'autant moins de sympathies que nous aurions amputé quelque chose de nos convictions et diminué quelque chose de la ferveur de nos sentiments intimes. (*Applaudissements*).

Du reste, ayons le courage de dire que nous représentons vraiment quelque chose d'original, quelque chose qui nous est propre ; ayons toujours le courage de dire quel est notre point de vue particulier ! Ah ! camarades, nous avons la grande responsabilité de représenter aujourd'hui, en France, seuls, le tempérament républicain, les aspirations démocratiques alliées au sentiment religieux le plus sincère et le plus fervent. Cherchez dans la presse contemporaine, cherchez dans les groupements politiques : nulle part vous ne trouverez cette alliance. Toujours on vous dira : « Choisissez l'esprit laïque et irréligieux avec la République et la Démocratie, ou le catholicisme avec l'esprit conservateur et même avec la haine du régime républicain établi ». Il n'y a pas de groupement qui ait notre tempérament, nos tendances : ayons donc le courage d'affirmer ce tempérament, de maintenir nettement ces tendances. Et alors, lorsqu'on viendra à nous, on saura avec qui on va et où l'on va, et c'est ce qu'il faut, mes chers camarades.

D'ailleurs, soyez convaincus que s'il n'y a pas de groupement existant, que s'il n'y a pas de journaux à l'heure actuelle incarnant ces tendances et cet esprit, il y a des centaines, des milliers je devrais dire des millions de nos concitoyens qui pensent, qui veulent comme nous. Et c'est dans la meusre où nous dirons bien nettement qui nous sommes et ce que nous voulons que nous serons suivis. Il y a encore des hommes qui ont peur, en nous voyant, et qui se disent : « Mais que cachent-ils derrière ce beau programme ? » Certains ajoutent : « Ils ont ramassé partout ce qui est capable d'intéresser leurs auditeurs ; ils ont fait une sorte de rassemblement des réformes les plus sympathiques au public ; et ils ajoutent à tout cela la proclamation d'une tolérance magnifique, d'un respect sympathique de la liberté de chacun. Mais qui sont-ils, que veulent-ils ? »

Eh ! bien, camarades, il ne faut pas craindre d'affirmer nettement les tendances particulières de notre groupement de façon à ce qu'aucune équivoque ne soit plus jamais possible. Vous verrez alors, vous verrez les sympathies nombreuses qui viendront à nous, et vous serez étonnés de constater que, parmi ceux qui sont indifférents aujourd'hui en France et qui refusent de travailler sur le terrain de la politique, il y a beaucoup d'hommes qui se cantonnaient dans un indifférentisme de surface et de regret, parce qu'ils n'avaient trouvé nulle part le drapeau qui convenait à leurs aspirations personnelles. (*Applaudissements*).

C'est ce drapeau qu'il faut faire flotter librement au vent. Croyez bien que la *Jeune-République* manquerait à son but si elle se contentait de rassembler à travers toutes nos provinces de petits cénacles d'hommes étudiant consciencieusement certains problèmes politiques et sociaux. Non ; la *Ligue de la Jeune-République* c'est une armée qui s'en va à la bataille et qui veut être victorieuse. Il faut aboutir, camarades, il ne s'agit pas d'avoir raison, il faut mettre la force au service de cette raison même. (*Vifs applaudissements*).

Voilà pourquoi, camarades, nous vous supplions de venir avec nous, non comme auditeurs seulement ,mais comme soldats; voilà pourquoi nous vous demandons la plus incessante, la plus inlassable, la plus quotidienne des propagandes. Il ne suffit pas de nous approuver ; il faut, si vous pensez comme nous, faire partager votre sentiment à ceux qui vous entourent ; il faut avoir le courage de briser les cloisons des vieux partis qui essaient de se refermer sans cesse sur vous, et de dire : « Puisqu'aucun parti ne me convient, je vais dans la *Ligue de la Jeune-République* : je vais là où je ne serai embrigadé par aucune discipline qui me pèserait ne correspondant pas à mes sentiments intimes. Puisque je vois qu'il n'y a pas de parti qui correspond à ce que je veux, eh ! bien, par la *Ligue de la Jeune-République* je viens poser une des premières pierres du parti nouveau qui sera un jour, j'en suis convaincu, capable de faire respecter la République par tous les Français réconciliés ». (*Applaudissements*)

Je sais, camarades, que je n'ai pas pu ce soir, dans cette conférence nécessairement limitée, vous développer comme je l'aurais voulu le programme complet de la *Ligue de la Jeune-République*, que je n'ai même pas pu vous indiquer tous les points de vue particuliers qui sont les miens. Mais justement, les quatre samedis du mois de novembre, dans les plus grandes salles de Paris, je donne rendez-vous à nos amis comme à nos adversaires pour discuter avec eux ces points de vue propres à la *Ligue de la Jeune-République* : j'attends avec impatience cette heure où je pourrai ne plus m'en tenir à des généralités nécessairement trop vagues et apporter enfin dans le détail, les saisissant comme corps à corps, quelques-uns des problèmes qui angoissent la conscience politique contemporaine.

Mais aujourd'hui, je crois avoir du moins réussi à vous indiquer, en toute simplicité, en toute loyauté, qui nous sommes et ce que nous voulons.

Du reste, camarades, on commence, dans le pays, à s'en rendre quelque peu compte. Il est intéressant de voir que les mensonges et les calomnies accumulés contre nous par une certaine presse, n'empêchent pas l'opinion publique de se rendre à peu près exactement compte du tempérament qui est le nôtre. Ce dont on se rend moins exactement compte, c'est que le problème que l'on pose contre nous, à savoir l'incompatibilité de l'esprit républicain et de l'esprit religieux, n'est pas un problème insoluble, et que pour le résoudre il suffit de le dépouiller de ce manteau de parti-pris, de mensonge, de haine et d'équivoque dont depuis bien des générations déjà on l'a méchamment revêtu au grand détriment de la prospérité matérielle et de l'honneur moral du pays. (*Applaudissements*)

Ce sera notre rôle, à nous, d'enlever tout cela, d'arracher cette végétation parasite qui suce le meilleur du sang français; car enfin, n'est-il pas vrai que le meilleur et le plus net de nos énergies nationales est encore retenu dans ces luttes religieuses qui appauvrissent la République de tant et tant de concours auxquels elle aurait droit? Eh bien! camarades, nous aurons, nous, ligueurs de la *Jeune-République*, au moins ce mérite d'avoir, de toute notre énergie, travaillé à désembroussailler le champ politique et économique de la France de tout ce qui n'était pas la netteté même de l'effort démocratique et républicain qu'il s'agit d'accomplir. Nous ferons cela au risque de nous ensanglanter les mains, peut-être le cœur, mais peu importe. Vous savez, — et vous me permettrez cette comparaison familière — que l'on s'habitue à recevoir des coups : certains boxeurs ont même des séances d'« encaissage », n'est-il pas vrai? (*Rires*) Eh bien!, la Providence nous a permis d'*encaisser* passablement depuis tantôt trois ou quatre ans, de tous les côtés à la fois : nous avons maintenant une résistance suffisante pour pouvoir nous présenter à la bataille sans qu'au moindre coup nous soyons affaiblis et que nous nous affaissions à la première goutte de sang répandu. Profitons donc de cela et travaillons non seulement pour la *Jeune-République* qui, après tout, n'est qu'une ligue, c'est-à-dire qu'un instrument, qu'une arme temporaire, mais travaillons pour la République qui, elle, doit être le but de nos efforts. Il s'agit de l'affranchir, de la libérer, de la purifier; elle cherche son âme : nous avons une âme, donnons-la lui, camarades. (*Vifs applaudissements*)

Au-dessus même de la République, nous voyons la France, car nous ne sommes pas de ces républicains qui font passer le régime de leur choix avant les intérêts mêmes de la nation, et s'il nous était prouvé que la France a besoin d'un autre régime que la République, soyez convaincus que nous aimerions assez la France pour faire le sacrifice même de nos préférences personnelles. Mais nous croyons intimement et profondément que tout ce que l'on pourrait jamais faire pour détruire la République se retournerait contre l'unité nationale, et par conséquent contre la France elle-même. (*Applaudissements*)

Voilà, camarades, comment nous unissons notre ferveur de propagande pour la Ligue qui vient de se fonder avec notre amour de la République et notre vénération fidèle pour la patrie qui est la nôtre. Et cette patrie même — je tiens à le redire, camarades, parce que je me révolte à la fin d'être traité de mauvais Français par certains qui ne voient pas que ce qu'ils me reprochent c'est d'aimer justement la France en Français et comme la France veut être aimée (*Vifs applaudissements*), — cette patrie, ce que nous réclamons pour elle, ce que nous réclamons pour la France, c'est qu'elle ne renonce pas à sa traditionnelle politique qui a toujours consisté à s'occuper des intérêts les plus généraux et les plus nobles de l'humanité. Non, nous ne voulons pas d'une France diminuée, et certes, nous portons toujours au cœur le deuil sanglant des provinces arrachées au corps de la France, mais nous serions plus douloureusement émus encore si on amputait la France, non pas seulement de deux provinces, mais d'un peu de son idéal sacré et traditionnel. (*Applaudissements enthousiastes et prolongés*)

Voilà donc, camarades, tout simplement ce qu'est la *Ligue de la Jeune-République*. Vous voyez que ce n'est pas simplement un petit comité électoral, que ce n'est pas simplement une fédération de politiciens en mal de candidatures et de succès législatifs. Non; c'est quelque chose où l'on peut verser son âme entière et déposer son idéal sans qu'on ait besoin de le restreindre pour qu'il puisse tenir dans les cadres trop étroits d'une Ligue diminuée. Non, camarades, vous n'avez rien à craindre; vous pouvez venir à nous avec toute votre ardeur, avec toute la beauté de votre enthousiasme, toute la ferveur de votre jeunesse. Il y a de grands combats à livrer sur le champ que la Providence ouvre devant nous; la route est maintenant toute nette qui s'étend à perte de vue devant notre ardeur renouvelée et rajeunie. Ah! je vous en supplie, que personne ne s'attarde, assis paresseusement sur les bornes du chemin, mais levons-nous, marchons tant que nous aurons des forces, considérons que nous ne sommes jamais relevés du combat que lorsqu'il nous est impossible de travailler et de lutter, et vous verrez, camarades, que cet hiver et les années qui suivront, et que toujours, je l'espère, jusqu'à ce que Dieu nous reprenne, nous aurons de beaux et de grands combats à livrer. Nous serons peut-être quelquefois apparemment vaincus, mais nous serons au fond toujours vainqueurs parce que c'est être victorieux que d'avoir déposé dans l'âme de tous ceux qui vous entourent et dans l'âme d'un parti ou d'une

Ligue assez d'idéal pour que la France entière puisse s'en nourrir et pour que, vainqueurs ou vaincus dans nos faibles personnes, la France soit toujours victorieuse à cause de notre bonne volonté, de notre énergie, de notre courage et de notre désir de donner entièrement à notre patrie ce que Dieu a pu mettre d'énergie en notre cœur. (*Applaudissements enthousiastes et prolongés. On crie : Vive Sangnier, vive Sangnier!*)

J'ai donc, camarades, confiance, invinciblement confiance. Mais ce n'est que le commencement d'un effort. Nous remplissons aujourd'hui ce vaste Manège : il faut que demain, il soit trop petit, que, tous les bancs en ayant été retirés, la foule de nos ligueurs et de nos amis s'y presse et ne puisse pas y tenir; il faut multiplier, comme nous allons faire durant le mois de novembre, toutes les semaines et presque tous les jours, les meetings et les réunions publiques; il faut lancer notre journal aux quatre coins du pays; il faut, camarades, nous dévouer avec l'activité que l'on mettrait à faire une campagne électorale qui n'aurait que quelques semaines de durée, et cela, toujours, jusqu'à ce que nous ayons la victoire, jusqu'à ce que nous ayons affranchi la République et sauvé l'honneur même de notre pays qui est en jeu.

Il faut vous dire que ceci est extrêmement sérieux. J'ai toujours peur, quand je vous regarde, que vous soyez venus ici pour écouter un discours, pour m'applaudir comme on applaudit un chanteur dans un concert. Ah! ce n'est pas de cela qu'il s'agit, je vous assure. Il s'agit du pays; il s'agit de ce qui est plus grand que nous, de ce qui était avant nous et de ce qui sera après nous. Je vous en supplie, pensez-y bien; donnez-vous, donnez-vous tout entiers. Ah! il y a assez d'hommes qui se donnent à leur égoïsme; il y a assez d'hommes qui travaillent pour eux, qui s'infiltrent dans les plus belles causes, dans les tâches les plus sacrées, pour y mettre de leur égoïsme, de leur vanité et la puérilité de leurs personnes, qui ne peuvent que se retourner sur eux-mêmes et sont impuissants à s'élever vers un idéal sublime.

Eh! bien, nous, camarades, donnons-nous, mettons toute notre bonne volonté pour que cela pèse de l'autre côté de la balance. Je compte sur vous tous, je vous donne rendez-vous à tous aux meetings que nous ferons au mois de novembre, puis à toutes les réunions que nos amis organiseront à travers toute la France. Il faut que nous ne cessions de combattre que lorsque nous serons vainqueurs : or, nous ne serons jamais pleinement vainqueurs, c'est-à-dire que nous ne remettrons nos armes dans le fourreau que lorsque Dieu nous aura rappelés à lui. Si vous le voulez, marchons, j'ai confiance en vous. Autrement, je n'ai plus besoin de parler. J'en ai assez de faire des discours, moi; je veux agir. Il faut faire quelque chose d'utile, de vrai, de sérieux, et qui triomphe, et qui réussisse.

Mais je crois, rien qu'à vous regarder dans les yeux, que vous avez compris ce que je veux dire et que nous avons confiance, non seulement les uns dans les autres, mais bien aussi surtout dans la cause que nous servons. Nous marcherons donc courageusement jusqu'à la victoire, et il est impossible, camarades, puisque nous avons tant d'idéal dans l'âme, tant de foi, tant d'ardeur, puisque la République a tant besoin de nous et puisque la France ne veut pas mourir, il est impossible que nous ne soyons pas vainqueurs.

Je salue donc déjà cette victoire : sachons seulement la gagner. (*Applaudissements enthousiastes et prolongés.*)

INTERVENTION
de deux auditeurs
ET RÉPONSES
de Marc Sangnier

La parole est à M. Charles Azard, avocat à la Cour d'appel de Paris.

Un ami inconnu

Mesdames, Messieurs,

Je n'ai pas la prétention d'être connu de vous, puisqu'aussi bien, si ce n'est pas la première fois que je viens applaudir Marc Sangnier, je n'ai pas l'honneur d'être connu de lui. Je suis un admirateur obscur et anonyme qui, depuis quinze ans, lit son journal — auquel il n'est pas abonné, il l'avoue franchement — avec un intérêt toujours grandissant, qui l'a vu avec une joie et une émotion profonde entrer enfin dans le domaine de la vie active, pratique et politique.

J'ai suivi Marc Sangnier d'un œil curieux lorsqu'à la tête du *Sillon* il a fait la campagne que vous savez. Le *Sillon*, pour moi, manquait de netteté, manquait surtout de précision politique. Quel service immense on lui a rendu le jour où on a fait appel à sa discipline et à sa conscience catholiques, et vous savez par quel geste merveilleux il a répondu en s'inclinant ! (*Applaudissements*).

De ce jour, citoyens, — car en ce moment-ci, c'est surtout à des hommes politiques que je parle — de ce jour-là, j'ai repris espoir et j'ai bien auguré de l'avenir de ce pays. Marc Sangnier venait enfin à la vie. Il avait jusque-là traîné son intelligence remarquable et son éloquence admirable dans des jardins très brillants, très éclatants, mais il se tenait trop loin de l'action. Il vient aujourd'hui à la politique. Je ne dirai pas que je l'en félicite — l'expression est ridicule — je dirai seulement que j'en suis heureux comme Français, et j'ajoute, comme républicain de vieille date, sincère et convaincu. (*Applaudissements*).

L'heure est venue où nous avons besoin d'hommes comme lui. (*Vifs applaudissements*).

C'est hier que, me promenant dans les rues, j'ai aperçu l'affiche annonçant le meeting de cet après-midi. J'avais déjà assisté à des discours de Marc Sangnier et je le mettais dans la phalange extrêmement étroite des orateurs populaires les plus merveilleux que j'aie jamais entendus; je connaissais ses idées et je ne serais peut-être pas venu à cette réunion, si je n'avais pas vu le but précis poursuivi par lui en la tenant et en l'organisant.

Il a raison de vous le dire : l'heure est venue où il convient de briser les moules des vieux partis qui ne correspondent plus à rien. (*Applaudissements*).

A quoi, citoyens, assistons-nous en ce moment ? Est-ce à une lutte d'idées, à une lutte généreuse de sentiments, de doctrines qui même, dans certaines circonstances, pourrait amener une prospérité morale au pays ? Nullement : nous assistons à une lamentable défense pour la conservation de l'assiette au beurre. (*Applaudissements*).

Le mouvement qui est en train de se déchaîner par toute la France, a été engendrée par le ministère actuel qui a eu le courage de poser la question décisive, et nous avons vu du même coup la plus effroyable ruée d'appétits qu'on ait connue dans ce pays. Et si des hommes comme Sangnier ne se lèvent pas, ne suscitent pas autour d'eux des enthousiasmes énergiques, décidés à tout sacrifier pour aller jusqu'au bout, j'estime que le combat définitif va se livrer entre le matérialisme et l'idéalisme et que ce n'est pas seulement la question de savoir si ceux qui les possèdent conserveront les Quinze-Mille, mais si la France continuera à vivre dans le monde. *(Très vifs applaudissements)*.

C'est pourquoi je suis venu. J'ai admiré une fois de plus le talent de l'orateur que nous avons tous applaudi. J'ai vu — ce qui m'a particulièrement réjoui — que ses idées se précisaient au point de vue politique. L'homme qui vous parle n'est pas un ignorant des choses politiques. Il est avocat à la Cour, c'est entendu; mais il a été élève à l'Ecole des Sciences politiques, dont il est diplômé; il a été le secrétaire, pendant dix ans, d'Albert Sorel, un historien qui, je crois, a su parler de la Révolution Française en bon Français (*Applaudissements*) ; il appartient à des milieux politiques et il y est même allié, — mon Dieu, il peut vous l'avouer ici, car si vous recherchez ses votes, vous pouvez être certains que vous n'aurez à en blâmer aucun —; il appartient à une famille où le mot de « républicain » n'a jamais été synonyme que d'honneur et de loyauté; et pour tout dire, il a eu, à certaines minutes particulières, troublées et difficiles, le redoutable honneur d'être le gendre d'un des ministres du Cabinet Méline. Il a été lui-même candidat, il sait ce que c'est que d'être battu et il s'en fait gloire (*applaudissements*) car il a eu le plaisir en étant battu de n'abandonner aucune de ses idées. (*Vifs applaudissements*).

Ce qui me chiffonnait, pour vous parler en toute sincérité, chez Marc Sangnier, c'était son manque de précision politique. Je me disais : « Voilà un habile mathématicien, voilà un homme de première valeur; mais un mathématicien, c'est un homme des plus dangeureux en politique parce que rêveur. (*Rires*) Cet homme a évidemment une destinée; sa vie tout entière le prouve : on n'entre pas à l'Ecole Polytechnique pour être officier d'artillerie et pour se lancer ensuite dans l'action sociale : il obéit à une vocation, c'est indiscutable ; mais quel malheur qu'il n'ait pas serré de près les questions politiques ! quel malheur qu'il resté dans le domaine du rêve, de la pensée un peu chimérique ! Il n'a pas mis suffisamment la main à la pâte, ce n'est pas un homme d'action ».

Aujourd'hui, j'ai le plaisir de constater que mes craintes n'ont plus de raison d'être. Il entre dans la lutte, il a laché le *Sillon* ; et je l'en félicite bien sincèrement, parce qu'au *Sillon* on formait peut-être de bons laboureurs, suivant la poétique figure qui ornait certaines pages de revues, mais on y faisait des laboureurs qui travaillaient en vue d'acquérir le ciel, qui semaient le bon grain pour l'éternité et qui, malheureusement, risquaient de n'avoir pas, dans la courte vie terrestre, la possibilité d'agir. Or, j'estime qu'en politique, qu'en philosophie, que toutes les fois que l'on veut répandre des idées, on ne peut le faire utilement que dans un but bien précis : celui de l'action. Aujourd'hui Marc Sangnier est entré dans le domaine de l'action, j'en suis heureux.

Mais ce n'est pas tout.

Il y a une... — je ne dirai pas explication car le mot laisserait à entendre qu'il y a place pour certaine discussion d'idées qui n'existe pas — il y a un point sur lequel je voudrais avoir une précision.

Lorsque j'ai vu se fonder la *Ligue de la Jeune-République*, j'en ai été, comme je vous le disais, enthousiasmé ; j'ai vu enfin enfin une force de premier ordre — et le mot n'est pas exagéré — se lancer dans l'action pour soutenir des idées essentiellement françaises et nationales. Je m'en suis réjoui parce que je pensais qu'une force comme celle-là qui avait été, jusque là inemployée, pouvait être très précieuse.

Cependant, lorsque j'ai lu les statuts, il y a quelque chose qui m'a inquiété.

Marc Sangnier appartient à une génération de Français qui parlent tous par sa bouche ; il a une haute culture qui lui a permis de faire le choix des idées qu'il a adoptées. Au point de vue social, je vais aussi loin que lui; par conséquent aucune de ses idées ne me fait peur : c'est une simple question de tactique. Je me suis peut-être trompé d'ailleurs et c'est pourquoi précisément je demande la parole en ce moment : il m'a semblé que, dans les statuts de la *Jeune-République,* on avait inséré une clause aux termes de laquelle on ne pourrait pas faire partie de la *Jeune-République* si l'on appartenait déjà à une autre ligue politique.

Je me demande si c'est là, Messieurs, une formule très heureuse. J'entends bien que vous ne voulez pas être des gens habiles. Marc Sangnier, avec son très beau talent, vient de le dire : avant tout, il veut rester sincère avec lui-même; avant tout, il veut être un homme d'une pièce que l'on prend ou que l'on combat pour ses idées. Mais Marc Sangnier n'est pas seul; je dirai même qu'il ne sera véritablement quelqu'un que le jour où il aura une armée derrière lui — d'ailleurs, j'estime que ce jour n'est pas loin.

Est-il habile, est-il d'une bonne tactique de commencer par effaroucher, par exiler en quelque sorte un très grand nombre de jeunes gens simplement parce qu'ils ont déjà voulu faire de la politique à une époque où Marc Sangnier s'en tenait simplement au *Sillon* ? Ils se sont déjà un peu compromis au point de vue politique. Est-il bon, je le répète, de leur fermer la porte de la *Jeune-République* parce que précisément, ils ont fait œuvre d'hommes plus tôt et qu'ils se sont jetés plus tôt dans la politique active?

Si vous voulez mon sentiment : nous sommes à la veille d'un bouleversement au point de vue politique. — bouleversement intérieur s'entend. Je crois que la réforme électorale sera votée, malgré toutes les oppositions fâcheuses; je crois que les partis vont se briser les uns après les autres, que tous les vieux moules vont disparaître, et que, d'ici une dizaine d'années, nous verrons un Parlement renouvelé, rafraîchi, avec un programme beaucoup plus jeune et beaucoup plus vivant.

Ne pensez-vous pas comme moi que ces partis nouveaux vont se former en prenant des troupes de tous les points de l'horizon politique? Est-ce que vous ne pensez pas qu'à l'heure actuelle le travail qui s'est fait dans l'esprit de Marc Sangnier, qui s'est fait chez moi, qui se fait chez une foule de jeunes gens que je connais, ne se produit pas un peu par toute la France? Est-ce que vous ne croyez pas qu'en entendant des discours admirables comme celui que nous venons d'applaudir, en lisant un journal vivant comme *La Démocratie*, beaucoup de jeunes gens très éloignés des idées religieuses de Marc Sangnier, ne se diront pas : « Voilà un homme qui a raison »?... Je connais même des anticléricaux qui donneront raison à Marc Sangnier et qui se diront : « Je n'ai plus la foi ou je ne l'ai jamais eue; c'est une affaire personnelle, je ne cherche pas à en tirer vanité, ni au contraire à m'en attrister; mais si je n'ai plus la croyance des premiers âges, je reste avant tout un bon Français. Je veux avant tout que mon pays continue de vivre, et j'entends par là non seulement qu'il puisse tous les ans payer son budget de près de cinq milliards, mais qu'il puisse tenir dans le monde la place que la France y a toujours occupée. Je vois un homme jeune qui se lève avec derrière lui des enthousiasmes admirables et des énergies presque illimitées. Malheureusement, je ne suis pas croyant et j'ai peur, si je cherche à tendre la main à Marc Sangnier, non qu'il ne me la refuse, — il est trop chrétien pour cela, — mais qu'il ne me dise : « Vous nous gêneriez plutôt que vous ne nous seriez utile », ou encore qu'il ne réponde : « Vous avez appartenu déjà à des ligues politiques, nous ne pouvons pas vous recevoir ».

De ce fait, vous éprouveriez une difficulté pour grouper autour de vous les nombreuses énergies dont vous avez besoin ; et, d'un autre côté, vous pourriez peut-être aigrir légèrement les uns, peut-être plus gravement les autres, suivant les tempéraments, éloigner enfin de vous des individualités qui n'auraient demandé qu'à marcher avec vous.

Autrement dit, je crois — et c'est la simple opinion que j'ai voulu exprimer en m'excusant de l'avoir fait si longuement, mais je voulais me faire connaître de vous — je crois que les idées qui ont été semées aujourd'hui ici sont des idées d'avenir. Marc Sangnier vous disait tout à l'heure : « Si nous ne pouvons pas triompher pendant notre vie, tant pis! » Eh bien! moi, je crois au contraire qu'il aura la joie d'assister au triomphe de ses idées (*Applaudissements*), mais je voudrais qu'au lieu de faire une petite chapelle, qu'au lieu même de faire une très large cathédrale, je voudrais qu'il fasse un parti politique aussi vaste que possible, un parti national.

Ce parti national naturellement comprendrait des éléments venant un peu de partout. Loin de m'en alarmer, personnellement, j'y verrais au contraire des garanties de succès, du moment qu'on ne vous demanderait aucune concession sur vos idées, mais que l'on vous tiendrait simplement le langage suivant :

« Dans l'anarchie effroyable où nous nous trouvons, dans la cohue des partis, dans la mêlée indescriptible où nul ne reconnaît plus les siens, à tel point que vous n'avez pas un seul vote à la Chambre où vous ne trouviez les partis divisés en deux, Marc Sangnier, vous nous apportez non pas seulement un programme — on en trouve partout, ils traînent dans les rues au moment des élections (*Rires*) — mais vous nous apportez une force morale peut-être unique en France (*Applaudissements*). Nous voulons être dirigés par un homme qui a lancé un programme, qui, à une époque où tout le monde se laissait aller, a montré une initiative hardie; nous venons à vous! Nous ne sommes pas aussi catholiques que vous; notre catholicisme est peut-être — passez-moi l'expression maçonnique — un peu en sommeil, mais nous ne savons si par la suite il ne se réveillera pas — on a vu des choses plus extraordinaires que cela, n'est-il pas vrai ? Alors, laissez-nous un peu tranquilles sur la question religieuse, à la condition, bien entendu, que nous vous accorderons la liberté absolue, le droit commun que vous réclamez. (*Vifs applaudissements*) Nous vous accordons ce droit commun de la façon la plus large et la plus absolue, car c'est le minimum, à l'heure actuelle, que . catholiques sont en droit d'exiger. (*Applaudissements*) Mais ne nous demandez pas davantage ».

Alors, vous ne serez pas une ligue un peu fermée, un peu étroite, composée des anciens sillonnistes qui, il faut bien le dire. faisaient peur à beaucoup de gens, non pas parce qu'ils étaient bien méchants (*Rires*), ils étaient peut-être trop bons (*Rires*), mais on leur supposait des intentions trop vagues, on disait : « On les prend avec le catholicisme, mais on en fabrique des anarchistes; le catholicisme disparaîtra avec l'âge et dans la marmite où on les aura fait cuire, il ne restera plus que des anarchistes... » Mais laissons le passé à ses cendres : le *Sillon* a vécu; il a été le point de départ d'une œuvre très intéressante, il a été la chrysalide; maintenant, nous allons voir le papillon. (*Très bien, très bien*).

Mais je voudrais voir cette Ligue nouvelle aussi large et aussi nationale que possible. (*Applaudissements*). Il n'y a aucune raison pour qu'elle ne le soit pas. Votre programme social n'effraye personne. Quel est l'homme sensé — je ne parle pas des capitalistes millionnaires qui ont intérêt naturellement à ce que les choses continuent à se passer comme elles vont pour eux actuellement — quel est l'homme qui désire que les fortunes se concentrent davantage entre quelques mains pour devenir de plus en plus scandaleuses, comme cela se produit en Amérique ? Nous avons trop souvent les échos de ces scandales en France par la vie que mènent ces étrangers lorsqu'ils viennent chez nous, où ils sont en train de transformer un quartier, celui des Champs-Élysées, exclusivement préoccupés de leurs fantaisies coûteuses. Quel est l'homme intelligent qui prétende que cela doive durer jusqu'à arriver aux milliards et à la capitalisation des milliards ? Tous ceux qui raisonnent un peu se disent : « Il faut que le travailleur possède; il faut la participation aux bénéfices, les actions du travail, la collaboration loyale, complète et sincère du capital et du travail, qui prendront chacun leur part, non pas seulement des bénéfices, mais encore des pertes. (*Applaudissements*).

Sur ce programme social, nous sommes tous d'accord. Au point de vue politique ? au point de vue de la réforme de la Constitution, par exemple ? Mais tous les hommes d'esprit s'en déclarent partisans, tous les ouvrages qui paraissent depuis un certain temps, — et j'en lis beaucoup, — se déclarent pour la réforme constitutionnelle. La question du référendum reste un peu en dehors; celle des Chambres est un point sur lequel on peut se mettre d'accord. On peut admettre l'idée d'un Sénat professionnel.

Ce qui peut effaroucher quelques personnes, c'est la question religieuse. Certains se disent — à tort ou à raison, je ne le discute pas pour le moment — : « En allant avec Marc Sangnier, nous nous embrigadons derrière les curés ». L'argument ne portera pas si Marc Sangnier ne cache jamais son programme — ce n'est pas dans son habitude d'ailleurs — et si, d'autre part, il affirme par des actes son caractère républicain.

Le jour où on ne pourra plus discuter un instant le caractère religieux et en même temps républicain de Marc Sangnier, il aura partie gagnée. C'est ce qu'il faut préparer par tous les moyens ; c'est l'idée qu'il faut répandre dans le public. Je crois donc qu'au lieu de dresser une barrière devant tous ceux qui ont été plus ou moins s'égarer dans les nombreux sentiers de la politique, aux moments particulièrement difficiles que nous avons traversés il y a douze ou quatorze ans, il faut leur ouvrir largement la porte en leur disant : « Nous vous acceptons sans aucune espèce de marché déloyal, ni pour vous, ni pour nous. Nous sommes — Marc Sangnier parlera alors en son nom — nous sommes des catholiques convaincus, mais nous pouvons nous entendre avec vous parce que nous sommes les uns et les autres des républicains sincères ». (*Très bien, très bien*).

Le jour où la preuve sera faite indiscutablement que vous êtes des républicains ardents, l'avenir vous appartiendra sans aucune contestation posible car vous avez avec vous la vérité, la justice, l'équité ; et vous avez aussi — permettez-moi de vous le dire — ce qui illumine votre programme : cette lumière, qui ne rayonne que de l'Evangile. (*Vifs applaudissements prolongés*).

Réponse de Marc Sangnier

MARC SANGNIER. — C'est avec une joie reconnaissante que je réponds à la parole que vous venez d'entendre. Il me semble, en effet, que ce n'est pas seulement un auditeur de cette immense assemblée qui a bien voulu monter à la tribune pour vous faire part de ses réflexions, mais que, sans même peut-être qu'il s'en rende tout-à-fait compte, c'est toute une génération qui s'adresse à nous et qui, en face de notre programme et devant notre idéal, sent son cœur s'ouvrir à des espérances et à des résolutions communes.

Je voudrais tout d'abord préciser un point qu'il y a intérêt à ne pas laisser même une seconde dans l'ombre. Ceux qui ont fait avant nous de la politique ne sont pas pour cela, il faut le dire, privés de la possibilité d'entrer dans la jeune Ligue; nous leur tendons les bras fraternellement. Ceux qui naguère luttaient soit avec le nationalisme, soit même, égarés par de trop promptes illusions très vite déçues, sous la bannière du boulangisme, de même que ceux qui défendaient, et contre le nationalisme, et contre le boulangisme, l'intégrité du parti républicain, les uns comme les autres peuvent aujourd'hui, renonçant aux luttes et aux discordes passées, s'apercevoir — et je répèterai presque une parole historique justement célèbre, — que si aujourd'hui, il n'y a plus de dreyfusards et d'antidreyfusards, de nationalistes et d'antinationalistes, il reste cependant toujours la France et la République. (*Applaudissements*).

A tous les Français, nous nous adressons donc, qu'ils soient catholiques, protestants ou libres-penseurs, peu importe : nous nous adressons à tous ceux qui considèrent que la politique que nous préconisons est la bonne et qui acceptent au point de vue religieux de collaborer avec des catholiques résolus à ne rien cacher de leur foi et à ne rien détendre des liens de leur religieuse fidélité à l'autorité de la hiérarchie catholique. (*Applaudissements*).

Mais il ne s'agit pas de travailler avec des cléricaux lorsqu'on travaille avec nous; je crois que nous avons suffisamment fait preuve de nos sentiments à cet égard et que l'acharnement même avec lequel les cléricaux et les réactionnaires de tout poil et de tout acabit luttent contre nous... (*Applaudissements*)...

M. Azard. — Il ne peut rien vous arriver de plus heureux.

Marc Sangnier. — C'est un bonheur que

la Providence nous a réparti avec une munificence admirable. (*Applaudissements et rires*).

Les statuts de la *Ligue de la Jeune-République* veulent seulement éviter que des citoyens, membres militants — car c'est surtout ceux-là que vise la prohibition dont on vous a parlé tout à l'heure — d'un autre groupement politique puissent en même temps travailler et militer avec nous dans les cadres de la *Jeune-République*. Et cela se comprend. Nous serons appelés à avoir une attitude électorale; il est donc intéressant que la force, l'appoint qu'apportera la *Ligue de la Jeune-République* soit un appoint franc et net. Si, par exemple, nous apportons quatre, cinq, six mille ligueurs, il ne faut pas qu'on puisse nous dire : « Cela ne veut rien dire, car il y a là-dedans deux mille adhérents de l'*Action libérale*, trois mille du Parti progressiste et seulement quelques centaines des vôtres ».

Je crois qu'il est intéressant, et justement pour répondre à la préoccupation de l'orateur qui a parlé tout à l'heure, — qu'il est intéressant que les ligueurs de la *Jeune-République*, même s'ils ont autrefois bataillé sons d'autres drapeaux que le nôtre, aceptent bien vraiment, maintenant, d'être des militants de l'organisation qui vient de se fonder. Cela ne veut nullement dire que nous n'aurons pas de collaboration avec les autres partis et, surtout si la représentation proportionnelle est votée, il sera nécessaire ne serait-ce qu'à cause du jeu des apparentements, de se porter là où il apparaît que les intérêts vitaux du pays sont le plus menacés. Nous ne voulons pas du tout faire bande à part; nous avons si peu cette intention que nous acceptons avec reconnaissance de collaborer même avec des conservateurs et même avec des radicaux ou des socialistes chaque fois qu'une cause intéressante sollicite l'activité de tous les bons citoyens ou même simplement de tous les braves gens. C'est ainsi que nous avons défendu la cause des Juifs russes avec des hommes de la *Ligue des droits de l'Homme* et des socialistes; c'est ainsi que nous avons parlé contre l'immoralité et la licence des rues avec de Cassagnac; c'est ainsi que nous nous sommes rencontrés avec Sembat dans un meeting pour défendre les employés de commerce, avec Buisson en de multiples occasions, avec certains orateurs royalistes lorsqu'il s'agissait de défendre les intérêts de l'Eglise. Cela, nous le continuerons; mais pour que cette attitude soit significative, il faut que nous représentions quelque chose. Au nom même de cette netteté, de cette précision qu'on nous recommandait, nous avons besoin d'être vraiment nous-mêmes et de ne pas apparaître tour à tour dans le pays comme une petite annexe catholique du parti radical officiel, ou comme une avant-garde républicaine et démocratique d'une masse constitutionnelle catholique, où même simplement d'une masse de défense religieuse.

Soyons nous-mêmes, non pas pour nous isoler et nous séparer des autres, mais au contraire pour apporter aux autres un appui sérieux et solide et des troupes vraiment bien organisées, entrainées et capable de remporter des victoires.

Voilà ce que je répondrai aux paroles que vous venez d'entendre. Mais si, dans les autres partis, il se rencontre des hommes que sollicitent les mêmes préoccupations qui nous émeuvent, qu'entraîne le même idéal qui est dans notre cœur, ceux-là nous ne les repoussons pas, quels que puissent être leurs antécédents politiques; nous sommes heureux, au contraire, non pas de les amener à nous, car ce n'est pas de cela qu'il s'agit, mais de constater qu'ils sont avec nous. Nous ne disons pas ; « Venez à nous », disons plutôt : « Si nous sommes ensemble, continuons à marcher ensemble et constatons que nous sommes ensemble, (*Applaudissements*)... c'est déjà quelque chose ».

Vous le sentez, les vieux partis se disloquent. Je n'ai pas besoin de reprendre les lumineuses explications que vous venez d'entendre. Tout le monde sait que le parti radical meurt sous le poids de sa victoire égoïste; il éclate : il y a certains animaux qui, lorsqu'ils sont trop gavés et trop repus, crèvent (*Applaudissements et rires*) ; c'est ce qui arrive au parti radical. Les autres partis, les partis d'opposition, eux, ils se dissolvent, ils se répandent à travers l'atmosphère, ils disparaissent. Il y a donc place pour un grand Parti de la République démocratique. J'ai cru, — et je suis sûr que tous seront d'accord avec moi, et particulièrement celui qui vient de parler avant moi, — je crois que si immédiatement et à nous seuls nous tentions d'organiser ce grand Parti,il y aurait, soit chez les radicaux qu'il s'agit de gagner à nous, soit chez les conservateurs qu'il s'agit d'amener jusqu'à notre mouvement, quelque répugnance à venir s'embrigader dans un mouvement qui, à l'heure actuelle, paraitrait encore trop personnel.

Notre tactique est la suivante :

Nous serons quelque chose de fort, de solide, capable de remporter des succès électoraux ou d'apporter un appoint important dans une campagne électorale pour faire triompher ce qui est le plus semblable à notre idéal. Nous demanderons que l'on fasse de même dans tous les partis.

Nous avons déjà tenu l'an dernier un *Congrès républicain de la Jeunesse*, où nous avons pu constater que beaucoup de jeunes radicaux avaient au point de vue politique et économique le même idéal que nous : je suis sûr que dans certains milieux progressistes ou de l'*Action libérale Populaire*, on sent des tendances assez pareilles aux nôtres. Et quand, à tous ces points de l'horizon politique. on aura fait un travail d'affranchissement, d'émancipation, lorsqu'on aura précisé ces idées dans un sens commun, une convergence toute naturelle s'opérera et la *Jeune-République* aura peut-être été comme l'étincelle qui aura tout embrasé.

Il faut, si nous voulons réussir, être pratiques : vous voyez que je le suis; on m'a rendu cette justice, cela m'a été très sensible; je ne suis plus dans les nuées, je suis descendu sur la terre (*Rires*), mais j'ai emporté un peu d'azur et un peu des nuées avec moi, je l'espère tout au moins. (*Vifs applaudissements et rires*) Eh bien! cette concentration, cette convergence s'opèrera. Si nous voulons la faire trop tôt, nous risquerons d'échouer. Constituons donc solidement notre Ligue, avec toutes les bonnes volontés, sans que notre Ligue soit, en aucune façon, je le répète encore, un groupement confessionnel. Ainsi, par exemple, ce camarade que vous venez d'entendre, est en quelque sorte de droit dans notre ligue; je n'insiste pas pour qu'il y adhère (*Applaudissements*)... car je ne veux en aucune façon exercer de pression sur personne et je crois qu'il faut attendre que les bonnes volontés aussi éclairées et aussi conscientes que la sienne, viennent à nous. Si c'était un camarade peu au courant des choses politiques et ne connaissant rien à toutes ces questions, nous l'éclairerions et nous lui dirions : « Mais voyons, mon cher, tu penses comme nous, viens avec nous ». Mais ce serait faire insulte à l'orateur que vous venez d'entendre que de supposer qu'il n'est pas lui-même aussi bien au courant que nous de toutes ces choses; et comme il nous connaît, et comme il connaît les problèmes qui s'agitent, le jour où il verra que la solution que nous proposons est la même que celle qu'il adopte, instinctivement, il viendra à nous. Dans tous les cas, il faut qu'il sache que nous, nous lui ouvrons les bras, que la Ligue lui est ouverte, que s'il y vient nous en serons ravis, et que, s'il n'y vient pas, ce n'est pas parce que la Ligue s'est fermée, mais parce qu'il a encore préféré rester dans le vestibule de la Ligue, autour de la Ligue, de manière à éprouver la force de notre groupement et la persévérance de nos bonnes intentions.

Je suis dans tous les cas convaincu

qu'une des premières victoires de notre effort à Paris cet hiver, ce sera peut-être d'amener dans les cadres mêmes de la Ligue, non seulement le camarade, — je l'appelle déjà de ce nom, — que vous venez d'entendre, mais tous ceux qui lui ressemblent; et je crois qu'ils sont fort nombreux dans notre capitale et dans toute la France. (*Applaudissements*)

J'espère, camarades, avoir précisé ce point intéressant des adhésions à la Ligue; j'imagine qu'en faisant quelque chose de restreint peut-être encore pour le moment, quoique d'ouvert à tous, en montrant une certaine humilité pratique dans l'organisation de notre Ligue, en ne disant pas, par exemple : « Nous fondons le grand parti qui va sauver la France », mais en disant : « Nous apporterons notre pierre à l'édifice », nous agissons comme des gens, modestes peut-être parce qu'ils savent qu'ils ne sont pas plus qu'ils ne sont, mais convaincus que, si leur nombre et leur talent sont encore limités, leur bonne volonté et leur dévouement sont illimités, ce qui est déjà quelque chose. (*Vifs applaudissements*)

M. Azard adhère à la Ligue

M. Azard. — Un mot seulement, extrêmement bref, pour prendre acte des excellentes paroles que vient de prononcer votre Président. Je n'attendais pas mieux de lui. Je dois vous le dire, cette journée restera pour moi comme une des plus agréables que j'aie jamais vécues. J'ai eu le plaisir si rare en politique d'échanger avec un homme particulièrement qualifié pour le faire, des idées qui au fond sont très communes, sont même sœurs jumelles, tellement jumelles que je crois qu'un jour elles ne pourront pas se séparer. Comme l'a très bien dit Marc Sangnier, je suis convaincu que la force des choses, qui est plus forte que tout, fera qu'un jour, à l'heure de la lutte, nous combattrons côte à côte. (*Vifs applaudissements*)

Ceci n'est pas pour vous dire que je me dérobe devant l'invitation de Marc Sangnier à entrer plus tard dans votre Ligue: j'y adhère quant à présent et j'espère que mon adhésion sera suivie de celle de beaucoup de mes amis qui sont des républicains profondément sincères.

attachés bêtement, si vous voulez, à la République (*Applaudissements et rires*), ayant le fétichisme du mot, ne croyant en rien aux panacées et aux élixirs réactionnaires qu'on nous propose soi-disant pour nous guérir. J'estime que tous ces républicains bon teint doivent se rencontrer un jour pour défendre aux côtés de Marc Sangnier et de ses ligueurs les principes essentiels qui ont fait la force de la France dans le passé et qui sont sa condition d'être dans l'avenir. (*Applaudissements prolongés*)

Un radical jeune

La parole est alors donnée à M. Marcel Berniard.

Mesdames, Messieurs, si je monte à cette tribune, c'est simplement pour demander quelques éclaircissements au citoyen Marc Sangnier et non pas pour développer des idées personnelles que je pourrais parer d'une phraséologie plus ou moins séduisante. D'ailleurs, il faut bien reconnaître que, si le citoyen Marc Sangnier nous a fait une très belle rhétorique, s'il nous a parlé pendant une heure et demie ou deux heures, son discours ne présente au fond que quelques idées excessivement simples...

MARC SANGNIER. — J'en suis fier.

M. BERNIARD. — C'est une qualité.

Au point de vue politique, la *Ligue de la Jeune-République* se déclare partisan d'une Chambre élue directement par le peuple, d'un Sénat professionnel et enfin d'un referendum.

La première question que je pose au citoyen Marc Sangnier est la suivante : quand la Chambre, élue directement par le peuple et représentant les intérêts permanents et généraux du pays, ne sera pas d'acord avec le Sénat où se concentreront des intérêts professionnels, qui tranchera la question?

Marc Sangnier. — Le referendum!

M. Berniard. — Vous répondez : « le referendum »; mais vous devez noter que vous avez institué le Sénat professionnel pour que, dans ce Sénat, se rencontrent des compétences. Et, sur des questions économiques et sociales, qui ne peuvent être tranchées que par des compétences, vous faites appel au peuple, qui peut avoir la conscience nette ou simplement la vague intuition des intérêts de la France, mais qui ne peut pas trancher par un vote formel, par un oui ou par un non des questions économiques et sociales extrêmement complexes.

Et parce que, précisément, je suis un républicain radical — le vieux parti radical, ô miracle! contient dans son sein des hommes de mon âge, c'est-à-dire de jeunes hommes! évidemment, c'est un miracle qui s'ajoute à d'autres miracles, mais le tout est d'y croire! — précisément, parce que je suis fermement attaché à la démocratie, je me déclare, moi, partisan d'une Chambre unique et de la suppression de la deuxième Assemblée que vous proposez. Oui, c'est le peuple qui doit être souverain; mais il ne peut l'être qu'à la condition que ses pensées se précisent, et ce sont les parlementaires élus directement par le peuple qui doivent travailler à faire pénétrer dans les faits les rêves de la nation souveraine.

Au point de vue social, je tiens à poser une autre question au citoyen Marc Sangnier.

Le citoyen Marc Sangnier se déclare partisan de la coopération, du mouvement syndicaliste accentué ayant pour but de créer une forme sociale nouvelle. Je demande si le citoyen Marc Sangnier et si ses camarades de la Ligue considèrent le statut propriétaire actuel comme inviolable, comme inattaquable?

Oui, les radicaux, contrairement aux collectivistes, se déclarent partisans de la propriété individuelle, mais lorsque la propriété devient, pourrais-je dire, dynastique, alors elle est peut-être familiale, mais elle n'est pas individuelle.

Citoyen Marc Sangnier, lorsque vous proposez la revision du statut propriétaire, jusqu'où allez-vous?

J'aborde maintenant une autre point de vue. Je passe rapidement parce qu'il se fait tard et que je ne voudrais pas abuser de vos instants et que, d'autre part, au bout des dix minutes qui me sont accordées, on saurait me demander de terminer, bien que l'on ait été très large pour un avocat éloquent.

Je vais vous dire pourquoi nous considérons qu'il y a antagonisme entre le Catholicisme et la République.

Nul plus que moi, qui ai reçu une éducation catholique, ne s'incline respectueusement devant les croyances sincères. (*Applaudissements*) Je reconnais qu'à la *Ligue de la Jeune-République*, c'est dans l'idéalisme chrétien que l'on puise la force, la sincérité, l'ardeur des convictions démocratiques. (*Applaudissements*)

Mais, citoyens, est-ce qu'il n'y a pas incompatibilité entre l'idéalisme chrétien [qui, entre parenthèses, n'est pas plus beau que l'idéalisme boudhique (*Rires*), qui a été déterminé par l'idéalisme gréco-romain qui l'a précédé, cela est démontré (*Protestations*) et l'on pourrait dire que, si l'on doit considérer comme belle et noble la mission — que je crois purement humaine — que le Christ a rempli sur la terre, il faut ajouter que le christianisme n'avait rien de particulièrement original au moment où il est venu (*Protestations*)] n'y a-t-il pas incompatibilité entre l'idéalisme chrétien et l'idée de république? Je déclare que si l'idéalisme est une vertu essentiellement chrétienne, il n'est pas démontré que l'Eglise catholique ait le monopole du christianisme. Pouvez-vous oublier, citoyens, qu'il y a sur la terre environ un milliard 300 millions d'individus et qu'en somme, après le magnifique prosélytisme du Christ, — prosélytisme, selon vous, non seulement humain, mais divin, — le christianisme catholique n'est professé que par environ 266 à 270 millions d'individus, parmi lesquels il y a de très bons catholiques dans le genre de M. Combes, par exemple!

Eh ! bien, citoyens, si le christianisme seul doit produire une société d'harmonie et de justice, nous pouvons dire que nous ne sommes pas à la veille de voir instaurer la cité de vos rêves, qui est aussi la cité de mes rêves et de mon idéal. Mais, je le répète, le catholicisme, lui, ne représente pas essentiellement le christianisme, et quand nous voyons, par exemple, Rome s'élever contre toutes les démocraties, quand nous voyons Rome condamner le *Sillon* — car elle l'a condamné — nous pouvons dire qu'il y a antagonisme entre votre idéal républicain et vos croyances catholiques.

Tout à l'heure — et c'est par là que je terminerai — on faisait une comparaison poétique. On a dit : « Le *Sillon*, c'est la chrysalide, et le papillon, c'est la *Ligue de la Jeune-République* ». Or, la pauvre chrysalide du *Sillon*, qui était sympathique aux réalistes comme moi, la pauvre chrysalide est morte parce que le Pape infaillible l'a condamnée.

Ah ! citoyen Marc Sangnier, mes amis et moi-même, à Bordeaux, sommes allés vous voir ; nous avons dit : « La doctrine silloniste est en contradiction avec le catholicisme ». Vous nous disiez alors : « Comme vous montrez votre triste ignorance du catholicisme ! Le catholicisme se place sur le terrain spirituel et, nous dans le *Sillon*, avec nos œuvres sociales, nous nous plaçons sur le terrain temporel ». Mais est-ce que le spirituel n'est pas en ce monde une antité insaisissable s'il ne pénètre pas, s'il ne conduit pas le temporel ? Vous nous répondiez : « Vous vous trompez, nous ne sommes pas en contradiction avec le catholicisme ». Mais une haute personnalité a fait entendre sa voix: le Pape s'est levé et vous a dit : « Quittez le *Sillon* si vous voulez rester catholiques ». Et alors — oh ! certes je n'aurai aucune méchante ironie pour la sincérité de votre soumission à l'ordre papal, — vous êtes catholiques et vous avez le droit de le rester ; vous vous êtes inclinés : pour rester catholiques, vous avez abandonné le *Sillon*...

Si, demain, citoyen, un ordre nouveau venait de Rome disant : « Abandonnez la *Jeune-République* », le ferez-vous pour rester catholique ou bien quitterez-vous le catholicisme pour demeurer fidèle à la République ?

Je sais d'avance ce que vous allez me répondre ; vous allez me dire : « O jeune homme, combien vous êtes ignorant ! » (*protestations, rires*) Et vous taxerez, avec votre ironie plaisante mon ignorance de vertu radicale, vous direz peut-être que c'est une garantie de mon radicalisme. Vous me direz : « Mais vous ne comprenez donc pas que la *Ligue de la Jeune-République* se place sur un terrain temporel, que, dans la *Jeune-République,* nous nous occupons exclusivement de questions économiques, politiques et sociales ; puis, le dimanche, nous allons à la messe, à l'église, pour satisfaire aux besoins de notre conscience catholitque, et jamais Rome ne pourra condamner la *Jeune-République* ».

Je vous réponds : « Citoyen, vous me teniez déjà le même langage au sujet du *Sillon*. Un ordre est venu de Rome et devant cet ordre, votre humilité et votre soumision chrétiennes se sont manifestées. Est-ce que, si demain le Pape vous disait : « Quittez la *Jeune-République* ! » vous vous soumettriez ? »

Voilà la question à laquelle il faut que vous répondiez. Je sais encore ce que vous allez me dire : « Si par hasard un ordre nouveau venait nous enjoindre de quitter la Ligue pour demeurer catholiques, nous resterions catholiques et nous serions obligés d'abandonner la Republique ».

Et alors, vos beaux enthousiasmes, votre noble pensée, tout cela serait perdu pour la démocratie ! Eh ! bien, vous le sentez, nous les radicaux, nous ne pouvons compter sur vous pour défendre et maintenir la République.

Et c'est pour cela que je dis que la République sera obligée d'être laïque ou qu'elle ne sera pas !...

2me Réponse de Marc Sangnier

Le contradicteur qui vient de prendre la parole semble croire que pour moi le radicalisme soit un vice rédhibitoire. Or je tiens à dire que, quoique radical, le camarade m'apparaît plus encore comme un collaborateur de cette réunion que comme un contradicteur; et vous n'avez qu'à vous reporter à l'enquête à laquelle je faisais allusion tout à l'heure pour vous rendre compte que presque tous les députés radicaux et socialistes même qui ont bien voulu nous répondre, avaient les mêmes préoccupations et se heurtaient aux mêmes difficultés qui vous ont été signalées. Je parlerai d'abord de la question politique, puis de la question économique, puis enfin de la question religieuse, puisque l'on a bien voulu me poser ces trois questions.

Au point de vue du Sénat professionnel, je serai bref. Le contradicteur vous a dit : « S'il y a un Sénat professionnel et s'il y a une Chambre des députés nationale, dans le cas de conflit, qu'arrivera-t-il? » Et je lui réponds que nous avons déjà à l'heure actuelle deux Chambres; qu'arrive-t-il en cas de conflit? Les deux Chambres trouvent le moyen de se mettre d'accord. Et c'est même assez curieux, cela, c'est une chose surprenante; mais ce serait plutôt notre collaborateur radical qui aurait dû nous l'expliquer, car enfin la République actuelle a trouvé moyen — c'est étonnant, je ne comprends pas comment cela peut fonctionner, mais enfin cela fonctionne — avec deux Chambres, d'arriver à voter des lois. Il semble que cela ne devrait jamais marcher et, cependant la loi va au Sénat, elle repasse à la Chambre, et on arrive à se mettre d'accord. Le résultat de cette dualité d'assemblées, c'est que les lois ne sont pas votées hâtivement et qu'elles sont envisagées à des points de vue différents, mais pas assez différents encore.

Ce qu'il y aurait d'intéressant avec ce Sénat professionnel, c'est qu'il apporterait un point de vue nouveau, que les questions seraient étudiées au point de vue professionnel, tandis qu'actuellement le Sénat les étudie aussi au point de vue politique. Et je réponds que si cet accord n'arrivait pas à se faire dans des cas très rares, — puisque vous voyez que la Constitution ne prévoit pas à l'heure actuelle ces cas, — dans ces cas très rares, par voie de referendum, s'il s'agissait d'une question d'ordre général, on pourrait donner raison soit à la Chambre soit au Sénat. On m'a dit souvent : « Mais le referendum ne peut pas être employé en pareille occurence, car le peuple n'a pas de compétence spéciale ». Je réponds : Il ne s'agit pas d'avoir des compétences spéciales. Le peuple, par voie de referendum, agirait en l'espèce comme le roi par exemple agirait dans un pays monarchique. Dans le cas de conflit entre deux Chambres, le peuple agirait comme arbitre. Il dirait : « Vous voulez, dans telle corporation... » Je suppose : « Vous voulez qu'il y ait un minimum de salaires pour les ouvrières en confection. Une Chambre le veut, l'autre ne le veut pas, eh! bien, nous donnons raison à cette Chambre ou à cette autre Chambre ».

On peut encore faire intervenir — mais cela ne me paraît pas très intéressant — ce qu'Antonelli proposait, c'est-à-dire une sorte de cour d'arbitrage, de conseil d'arbitrage qui départagerait les deux Chambres. Ce n'est pas intéressant, car je ne crois pas qu'il y ait opportunité à mettre quelques magistrats solennels, âgés et peut-être presque inamovibles, au-dessus de la Chambre et du Sénat. Je trouve que le referendum serait meilleur. Mais, remarquez que tout ceci n'est pas indispensable, puisque nous ne l'avons pas actuellement et qu'en somme des lois se votent.

Deuxième question. — Le contradicteur m'a parlé de la propriété individuelle et m'a demandé si je reconnaissais la propriété individuelle, et dans quelle mesure je la reconnais. — Je la reconnais et je désirerais qu'à côté de la propriété individuelle, il s'établît une propriété commune et une propriété collective. Je ne développe pas cela en détails, car dans une des réunions que je ferai, celle de la salle Wagram, j'apporterai mes idées très complètes sur ce point. Je me contente d'indiquer aujourd'hui que, pour nous, c'est la coexistence de cette triple forme de propriété individuelle, propriété commune et propriété d'Etat qui doit assurer le maximum de prospérité nationale parce qu'il y a là de la souplesse et la possibilité en quelque sorte de favoriser, de développer toutes les énergies du pays.

Le camarade a parlé de la question d'héritage. Je crois que ce serait une manœuvre mauvaise et fausse que de supprimer tout héritage : je pourrais vous en donner beaucoup de raisons. Je pense que l'héritage est quelque chose dont l'Etat ne peut pas se désintéresser, qu'il est très opportun que l'Etat — il le fait déjà dans une mesure extrêmement large, c'est pour cela que je n'insiste pas beaucoup — (*Rires*), que l'Etat, sans mettre la main sur les héritages, prenne une part pour lui en vue de l'intérêt général : l'impôt sur les successions. Mais je crois vraiment que cet impôt est très fort; ce n'est peut-être pas opportun de le rendre plus fort (*Rires*); tout au plus, voici mon avis — je ne batailIerai pas beaucoup là-dessus, — si vous voulez l'augmenter, allons-y ! (*Rires*).

DANS LA SALLE. — Vous ne pouvez pas vous en désintéresser, c'est d'une importance capitale.

MARC SANGNIER. — En effet, je sais que c'est très important de fixer le montant de cet impôt sur les héritages, mais je trouve que ce n'est pas une question d'ordre assez général pour qu'on me la pose en ce moment? Je voudrais bien qu'on ne dénaturât pas ma pensée. Je n'ai jpas dit que cette question ne méritait pas d'être examinée; je dis que je reconnais deux choses : droit à l'héritage, droit pour l'Etat d'imposer les successions. Quand je disais au camarade contradicteur — je m'excuse de cette expression un peu familière — : « allons-y ! », cela voulait dire : « maintenant que nous étudions les grandes lignes du programme, je ne considère pas comme opportun de discuter à un sou près ou à vingt sous près de quelle manière on taxera les héritages »; voyez-vous bien ce que je veux dire? Quant à moi, je crois qu'il y a actuellement des choses plus urgentes à faire que d'augmenter l'impôt sur les héritages, parce qu'il me semble très fort; je crois qu'il y a bien d'autres choses à imposer : objets de luxe, etc.

Il y a quelque chose que l'on pourrait faire, seulement, vous m'amenez sur un terrain où nous allons être très longs : on pourrait peut-être faire que les héritages n'aillent pas aussi loin. Actuellement, on hérite jusqu'à... quel degré ?

DANS LA SALLE. — ... douzième degré !

MARC SANGNIER. — Eh bien, c'est trop ! Il y a même des gens dont c'est le métier de courir le monde pour découvrir des héritiers qui ne se seraient jamais douté qu'ils l'étaient. (*Rires*). On en trouve un peu partout! Je pense que dans ce cas-là, il serait intéressant que ces héritages rentrassent dans le domaine de la collectivité. Mais je n'insiste pas sur ce point; je crois que vous n'y tenez pas; c'est vraiment une question de détail.

J'aborde alors la dernière question qui est, me semble-t-il, la question la plus aigüe que le contradicteur ait voulu me poser, — tout au moins l'assistance semble en avoir jugé ainsi!

« Le catholicisme, nous a-t-on dit, ne peut pas s'entendre avec la République; il y a conflit nécessaire entre l'esprit laïque de la République et l'esprit catholique. » Et le camarade contradicteur nous a affirmée cela comme une vérité expérimentale. C'est bien, je crois, son sentiment...

LE CONTRADICTEUR. — J'ai fait allusion au *Sillon.*

MARC SANGNIER. — Je ne trahis pas votre pensée.

Il a même pris une expérience particulière sur laquelle nous pouvons parler en toute connaissance de cause (*Sourires*) puisqu'il s'agit du *Sillon* et de moi-même; je crois que, de cette expérience-là, j'ai quelques raisons de parler d'une façon exactement documentée. Si vous voulez, nous allons parler d'abord de cette expérience.

Je la récuse absolument. Je vais vous dire pourquoi. Ensuite nous aborderons la thèse une fois que nous aurons dégagé l'examen de celle-ci des déductions expérimentales que vous avez essayé d'apporter.

Je dis que, tant que le *Sillon* existait et que des contradicteurs venaient sur les tribunes de nos réunions et de nos meetings nous dire : « Vous ne pouvez pas être à la fois catholiques et républicains, et, vous allez le voir, le *Sillon* sera condamné et vous serez forcés de renoncer à vos idées politiques et économiques », je dis que cela pouvait alors être de quelque poids sur l'opinion des non-catholiques qui nous écoutaient; mais maintenant que le *Sillon* a été condamné et que l'on peut voir ce qui se passe, je dis que votre objection ne vaut plus rien. La condamnation du *Sillon* est la meilleure preuve de la liberté politique des catholiques. Si des catholiques soumis au Pape et qui acceptent même au prix des plus durs sacrifices de briser une œuvre à laquelle ils ont donné dix ans de leur vie, mais une œuvre qui était née toute confessionnelle, — car vous savez que le *Sillon* avait été confessionnel pendant près de dix ans, — si ces mêmes sillonnistes, condamnés autrefois, travaillent, comme vous le voyez, en toute liberté et, comme le disait un précédent orateur, sur un terrain plus libre et mieux dégagé de toute équivoque qu'autrefois, je dis que c'est là une preuve qu'on peut être catholique, absolument et filialement soumis à l'autorité de l'Eglise, sans perdre pour cela le droit d'être républicain et démocrate autant et plus que jamais, de réunir des meetings plus nombreux qu'autrefosi, de se lancer sur un terrain que l'Eglise définit comme libre aux catholiques, je veux dire sur le terrain de la politique et de l'économie sociale. (*Applaudissements*).

Maintenant, vous m'avez dit — ce n'est pas sans intérêt — : « Si le Pape condamne les catholiques républicains, que ferez-vous ? » C'est bien là votre objection ?... Je vous réponds que je trouve la première expérience concluante en ma faveur et que, justement, du fait que le Pape n'a attaqué le *Sillon* qu'au point de vue religieux, que ce qu'il m'a demandé c'est de ne pas m'occuper d'une formation à la fois religieuse et morale de la jeunesse catholique, je suis en droit de déduire que si une nouvelle condamnation survenait, elle serait toujours sur ce même terrain et que l'on maintiendrait toujours pour nous le droit de travailler à un mouvement politique et économique en toute liberté.

Mais je vais plus loin, parce qu'il faut aborder le fond même du débat.

Je reconnais, en effet, qu'il y a des difficultés ; je reconnais que toujours il y a eu entre l'Eglise, pouvoir spirituel, et l'Etat, pouvoir temporel, non seulement des conflits possibles, mais des conflits réels et je dirais volontiers des conflits éternels. Cela a eu lieu aux temps mêmes où la France était la fille aînée de l'Eglise, je dirais peut-être plus encore à cette époque qu'aujourd'hui, si c'est possible. Toujours, lorsque vous avez deux pouvoirs, l'un spirituel, l'autre temporel, et si ces deux pouvoirs sont distincts l'un de l'autre, si ce n'est pas le Pape qui donne son pouvoir au Roi et si ce ne sont pas les rois qui donnent son pouvoir au Pape, si vous avez deux sociétés parfaites au sens théologique du mot, c'est-à-dire distinctes et complètes, nécessairement vous aurez des conflits, puisque les sujets de ces deux sociétés sont les mêmes individus. Qu'est-ce que cela implique ? Cela implique que si vous voulez éviter toute possibilité de conflits — et cela semble vous vous intéresser — il faut, de deux choses l'une, ou dire : « nous supprimons la liberté civique et nous allons faire une théocratie, nous allons mettre tous les Etats, toutes les puissances temporelles sous l'unique domination du Pape » ; ou bien il faut dire : « Nous allons affirmer qu'il n'y a qu'une autorité que nous reconnaissons, c'est l'autorité de l'Etat, que l'Eglise n'est rien de plus qu'une association quelconque qui vit en somme sous le contrôle perpétuel et, en quelque façon même, sous la tutelle de l'Etat. Par conséquent, il ne reste que l'Etat ; et l'Eglise n'est pas sur le pied d'égalité, comme société, en face de l'Etat ; l'Eglise ne traite pas de puissance à puissance avec l'Etat ».

Et vous savez en effet que si Napoléon avait traité avec l'Eglise en signant le Concordat, la Troisième République a déchiré le Concordat sans même le dénoncer à Rome, pour bien montrer qu'elle ne considérait pas l'Eglise comme une puissance autonome en face de l'Etat, et pour montrer qu'elle ne la tenait que pour un groupement privé. (*Applaudissements*).

Il me semble que votre solution, à vous aussi, serait de supprimer l'Eglise. Vous considérez que tout serait simplifié s'il n'y avait plus de catholiques. Vous êtes républicain et vous désirez donc que tous les Français soient républicains. Ou alors, vous êtes bien méchant pour les Français si vous ne le jugez pas dignes de s'élever jusqu'à être des républicains comme vous! Le désirez-vous ?

LE CONTRADICTEUR. — Parfaitement.

MARC SANGNIER. — Vous venez de nous dire qu'un catholique ne peut pas être républicain, par conséquent vous désirez qu'aucun Français ne soit plus catholique? (*Applaudissements, rires*).

LE CONTRADICTEUR. — Désirez-vous que tous soient catholiques ? Alors reconnaissez-moi le droit contraire !

MARC SANGNIER — Je vous le resonnais tellement...

LE CONTRADICTEUR. — Je ne veux pas

me servir de l'Etat pour faire disparaître le catholicisme et je ne considère pas l'Etat comme une société parfaite...

Marc Sangnier. — C'est une erreur de mot ; j'aurai dû dire « complète » pour mieux me faire comprendre.

Le Contradicteur. — Je considère même que quelque jour l'Etat pourra disparaître si les individus arrivent à une perfection suffisante.

Marc Sangnier. — Encore une fois, je regrette d'avoir employé ce mot qui vient du langage théologique. J'avais cependant prévenu l'auditoire.

Société parfaite ne veut pas dire société telle qu'on ne puisse la perfectionner. L'Eglise non plus n'est pas cela : il y a joliment de curés et d'autres gens qui demanderaient... à se perfectionner ! (*Rires*). Il ne faut donc pas jouer sur les mots. L'Etat et l'Eglise sont deux sociétés parfaites en ce sens que l'Eglise n'est pas une société sous le contrôle de l'Etat, l'Eglise n'est pas une société secondaire, comme par exemple une société reconnue d'utilité publique, une société d'instruction populaire, etc. L'Eglise est une société complète parce qu'elle trouve en elle-même sa raison d'être et ses moyens d'être. D'une part, nous reconnaissons que l'Etat est une société parfaite, mais, d'autre part, nous n'oublions pas que l'Eglise en est une autre, c'est-à-dire que le pape gouverne l'Eglise, sans, d'après la **théorie catholique, que les gouvernements aient le droit de l'en empêcher** ni même **de sanctioner ou de contrôler** ce **qu'il fait, de même que nous reconnaissons qu'un pays monarchique** peut **devenir une république ou redevenir** un empire sans que **cela regarde le pape.**

Encore une fois, il est impossible qu'entre ces deux sociétés, il n'y ait pas de conflit, et je demande alors que, pour les résoudre, on ne simplifie pas arbitrairement le problème en en supprimant un des deux termes, c'est-à-dire en supprimant l'Eglise ou en supprimant l'Etat. (*Applaudissements.*)

J'ajoute que cette dualité de sociétés est une garantie pour la liberté des individus. (*Appl.*) S'il n'y avait que l'Eglise, quel serait le recours des individus lorsque des hommes d'Eglise, usurpant sur un domaine qui n'est pas le leur, voudraient agir au temporel avec la même autorité qu'ils n'ont que sur le terrain spirituel ? Quelle **serait** la **garantie** des citoyens contre les **abus de l'Etat, quelle serait la garantie des** consciences si le chef de l'**Etat ou la multitude** se croyait le droit **d'imposer non seulement des lois civiles, mais encore** un culte, comme on le fit en 93, ou d'imposer une religion orthodoxe comme cela se fait actuellement en Russie, où les deux pouvoirs sont confondus dans la main du même chef. (*Vifs applaudissements*).

Le problème est le suivant. Il y a en France des catholiques, et il y a des gens qui ne le sont pas. Est-ce que vous voulez que nous rétablissions l'unité religieuse en excluant de la République tous ceux qui sont catholiques ? Je dis que c'est impossible ; je dis qu'il faut accepter comme un fait ces divergences d'opinions philosophiques et de convictions religieuses, et, que vous le vouliez ou non, il faut que nous tâchions de faire bon ménage et de nous entendre en vue du bien commun. Nous sommes comme les passagers d'un même navire : les uns font maigre le vendredi, les autres ne le font pas; les uns vont à la messe, les autres n'y vont pas; mais quand le navire va faire naufrage, tout le monde se dévoue. (*Vifs applaudissements*).

Cela ne veut pas dire — je tiens à le répéter — que nous n'attachions pas d'importance aux convictions religieuses de tel ou tel de nos concitoyens. Nous considérons, au contraire, que la question religieuse est la plus grave, la plus angoissante de toutes; mais ce n'est pas avec des armes politiques qu'elle doit se résoudre. Lorsque vous dites qu'un républicain ne peut pas être catholique, vous pêchez à la fois contre la liberté de la conscience religieuse en mêlant la politique à la religion, et contre la République en l'appauvrissant des forces qui peuvent la servir. (*Vifs applaudissements*).

LE PRESIDENT. — Je vais vous donner lecture de l'ordre du jour que nous vous proposons :

« 4.000 *citoyens, réunis au manège Saint-Paul à l'occasion du premier Congrès de la* Jeune-République, *après avoir entendu Marc Sangnier exposer ce que veut la Ligue, en acclament le programme, et comptent, pour le faire triompher, sur l'union de toutes les bonnes volontés qui l'approuvent et sur le dévouement de tous les adhérents* ».

(*Adopté à l'unanimité moins huit voix*).

Dernier appel à l'action

Marc Sangnier. — Avant que nous nous séparions, je voudrais vous dire un mot très pratique.

Cette réunion n'est pas la fin de notre propagande, elle n'en est au contraire que le tout premier mot. Je m'adresse à nos amis de province qui sont nombreux dans cette salle pour les supplier de créer partout des Sections et des groupes de la *Jeune-République* jusque dans les coins les plus éloignés de la France; et je supplie tout particulièrement nos amis de Paris de commencer à partir de ce soir la plus incessante des propagandes. Nous avons organisé quatre grands meetings qui auront lieu tous les samedis de novembre, à partir de samedi prochain inclusivement, dans les plus grandes salles de Paris : samedi prochain aux Sociétés Savantes, samedi 9 à la Salle d'Horticulture, samedi 16 novembre à la Salle Wagram, et enfin le dernier samedi 23 novembre, ici, au Manège Saint-Paul.

Je ferai remarquer à nos camarades et

à toutes les personnes amies ou adversaires qui s'intéressent à notre mouvement, qu'il est de la plus haute importance pour elles de ne manquer aucune de ces réunions, car nous y traiterons en détail et à fond les diverses parties de notre programme. Je demande en particulier à nos adversaires, s'ils veulent discuter avec nous, de profiter de ces réunions pour apporter toutes les objections, toutes les demandes de renseignements qu'ils jugeront utiles. Ce n'est pas en une heure et demie, comme j'ai dû le faire aujourd'hui, que l'on peut aborder toutes les questions; vous avez vu en particulier qu'à propos du referendum, des héritages, j'ai été forcément un peu vague et je dois apporter, dans ces quatre réunions, un complément d'explications sur ces points.

Je demanderai aussi à ceux qui, sans être des adversaires, ne sont pas tout à fait avec nous, de nous permettre de compléter nos informations en nous apportant des objections ou une documentation que nous ne repoussons pas. J'ai toujours cru qu'on s'instruisait plus avec des adversaires qu'avec des amis. Je crois que l'on précise bien davantage ses idées en les confrontant avec les idées des autres, qu'en restant toujours dans une société d'admiration mutuelle où l'on s'applaudit constamment. Vous savez que dans les réunions syndicalistes ou nationalistes, on crie toujours : « Vive celui-ci, à bas celui-là », « à bas les patrons », « à bas les juifs », mais on ne discute pas.

Si, dans un meeting en faveur de Rousset, un officier était venu prendre la défense des conseils de guerre, il eût été bien reçu!... (*Rires*) De même, si dans une réunion nationaliste, un juif venait dire qu'il ne faut pas crier : « a bas les juifs », je crois qu'on l'assommerait! (*Rires*) Ici, rien de semblable : le contradicteur doit nous rendre cette justice que devant d'immenses auditoires, nous arrivons à avoir une modération parfaite. Je vous recommande donc de venir tous à ces réunions. On se tassera, on se serrera, mais on tiendra dans les salles. En particulier, je vous demande d'être samedi prochain, à 8 heures et demie, aux Sociétés Savantes : nous étudierons l'Idée républicaine. On parle toujours de république et de démocratie, il faut savoir ce qu'on entend par là. Est-ce une idée laïque, est-ce une idée de réforme? C'est ce que nous étudierons ensemble.

Je vous demande aussi de faire de la propagande si vous avez nos idées. Nous allons avoir beaucoup à faire cet hiver. Notre journal *La Démocratie* rendra compte de tout ce mouvement; tâchez de le lire tous les jours, et, si vous ne pouvez pas vous y abonner, de le prendre dans les kiosques. Il faut que, dans un an et demi, au moment des élections — que ce soit avec le scrutin uninominal, et j'espère que non, ou avec la R.P., — il faut que nous aboutissions à un résultat.

Pour cela, mettons-nous tout de suite à l'œuvre. Ce serait vraiment honteux d'avoir de si belles, de si imposantes, de si fraternelles réunions et de ne rien faire pour le pays. Pas de groupes académiques, mais de l'action! C'est pour notre pays que nous luttons, et nous devons le faire de tout notre cœur. (*Applaudissements enthousiastes. Une longue ovation est faite à Marc Sangnier*)

Imp. de « La Démocratie [illegible] aspail Paris 7

www.ingramcontent.com/pod-product-compliance
Lightning Source LLC
LaVergne TN
LVHW050423160826
845677LV00002BA/500

* 9 7 8 2 3 2 9 7 3 1 1 6 2 *